U0022400

8個
你不可不知的
人權議題

Human
Rights

三民書局

國家圖書館出版品預行編目資料

8個你不可不知的人權議題 / 李茂生主編；徐婉寧,蔡秀男,周月清,莊棋銘,賴芳玉,藍佩嘉,楊培珊,陳毓文,謝煜偉編著.－－初版一刷.－－臺北市: 三民, 2019
　　面；　公分

ISBN 978–957–14–6528–9 （平裝）
1. 人權 2. 文集

579.2707　　　　　　　　　　107020856

© 　8個你不可不知的人權議題

主　　　編	李茂生		
編 著 者	徐婉寧	蔡秀男	周月清
	莊棋銘	賴芳玉	藍佩嘉
	楊培珊	陳毓文	謝煜偉
責任編輯	王怡婷		
美術設計	張萍軒		
發 行 人	劉振強		
著作財產權人	三民書局股份有限公司		
發 行 所	三民書局股份有限公司		
	地址　臺北市復興北路386號		
	電話　(02)25006600		
	郵撥帳號　0009998–5		
門 市 部	(復北店) 臺北市復興北路386號		
	(重南店) 臺北市重慶南路一段61號		
出版日期	初版一刷　2019年1月		
編　　　號	S 584310		

行政院新聞局登記證局版臺業字第○二○○號

有著作權‧不准侵害

ISBN　978–957–14–6528–9　　（平裝）

http://www.sanmin.com.tw　三民網路書店
※本書如有缺頁、破損或裝訂錯誤,請寄回本公司更換。

序文

　　受三民書局的委託，編纂了一本以學生為主要對象，但可以擴及到一般社會人士的人權書籍，名為《8個你不可不知的人權議題》。這八個人權議題分屬不同領域，從第一到第八分別是勞動、醫療、身心障礙、性別、種族、老人、兒少與司法。當時設定這些議題並不是恣意選定，而是經過思考後的選擇。主要的考量點是這些議題或多或少都會牽涉到弱勢與歧視的問題，而逆向差別對待雖然是尋求實質上公平的必要態度，但是在這些議題上，卻經常碰到概念落實與實施上的障礙。

　　為何會有這種的落差？原因或許很多，在資源許可的條件下，文化水準應該就是決定一般民眾待人處事態度的關鍵。或謂文化水準一詞過於抽象，令人無法明確掌握問題的核心，則換個說法或許可以說關鍵在於社會中現存的「對於人的基本品位的感受」。品位，亦即品格與地位一詞含有著高尚、高檔的意涵，使用這個名詞一開始就有歧視的意味，但是如果加上基本兩字，則意義就會突然翻轉。也就是說，基本品位意指每個人作為人都應該受到尊重的品位。以法律的用語而言，這就是人的尊嚴，也是人權的根本。一個社會正就是因為沒有這種人權的感覺，所以才會產生有關品位的位階，也會產生歧視他人的風氣。本書所集結的八個議題，都是牽涉到極容易陷入品位位階歧視陷阱的問題。

　　我們找了八位專家學者分別就這些議題寫了專論。這八位在其專業領域中均屬翹楚，果不其然，這八篇論文均顯露出作者高深的功力。我們期待接觸到本書的學子們能詳讀此書，師

長也能夠循序引導同學深入思考人權議題，所以除了淺入深出的本論以外，另提供了「我思‧我想」的一欄延伸，期待能夠繼續地深化這個社會上人的尊嚴的感受。

　　人權與尊嚴不是用條文堆砌而成，這是一種人際關係間的相互感覺、感受。沒了這些，一個社會不會有文化，也不會擁有和平、積極的氛圍。臺灣的社會表現上展現出積極進取且多元的風貌，然而事實上其底蘊卻非常淺薄，年輕的學子沒有機會思考問題，沒有契機去體會與感受。期待這本書能夠發揮拋磚引玉的效果，於數年後，讓我們一起收割豐碩的成果。

李茂生

8 個你不可不知的
人權議題

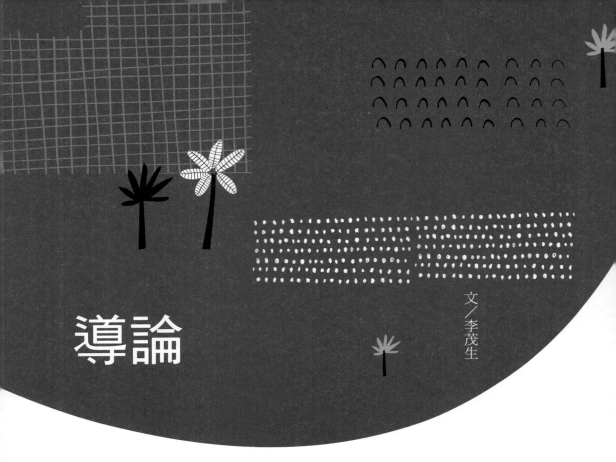

導論

本書以八篇獨立論文形構而成，所處理的議題並不是一般性的人權議題，而是偏重於弱勢族群或易受壓制族群的問題。之所以選擇這類的議題，理由在於這些議題比較能夠彰顯出人權的意涵與重要性。特定的族群因為無特殊貢獻（或甚至是負擔）或是屬潛藏性加害者，其實際上的社會地位定然劣於一般人，而關於人權的諸規定正是為了替其扳回劣勢而訂下的規矩。然而，若欲將法規落實，仍須有社會上的支持，不然不僅事倍功半，甚且會傷及規範的存立根基。此際，國民的人權意識或人權感覺即變得更形重要。

國民的人權意識與人權感覺並不是一蹴可幾，我國於威權時代嚴

重忽略此事，所以驟然間民主化後，國民仍舊欠缺人權的概念。近年來社會上的諸多爭端與衝突，不外導因於此。於許多的爭議場合，我們不乏看到因一己之私而僵持不下的情形，也看到了許多因為缺乏同理心而不能互相理解的情形，這些舉動都會傷害到人權的落實。

所以當國家的主人前，應該先學會當自己的主人，而若要他人尊重你，則應該要先學會尊重他人，也只有在個人有被尊重的強烈需求時，人們才會將這個需求投射到他人身上，並開始尊重他人。這是人權的根本，也是待人處事的一般性規則。

以下將基於這種的理解，針對本書的八大議題，一一為簡單的導讀。

一、勞動人權——老闆跟員工都不要委屈

於現在的資本主義社會中，勞動一事幾乎成為許多人一生中必經的經歷，而且除了少數自己當老闆的人以外，大部分的人都是當老闆的員工。當然，在人性的驅使下，老闆都希望能選到最有能力的員工，讓他們能夠盡心盡力工作，藉此創造最大的利潤。然而，單方面的要求，反過來卻可能變成另一方的被剝削感覺，最終可能會兩敗俱傷。所以法律才積極地介入老闆與員工間的勞動關係中。

〈勞動與人權〉一文中，即針對老闆與員工的關係中最容易產生摩擦與衝突的「工作權的保障」、「工時與工資」、「職災」、「勞動三權」等四部分，加以解說。正如作者所下的標題——「老闆跟員工都不要委屈」一樣，勞動相關的法律規定是為了求取雙贏局面，而

非片面地保障任何一方。

二、醫療人權——看病應該要聽誰的?

做為人,生老病死勢所難免,人生的這一段路,沒人可以脫離與醫療的關係,所以醫療人權至為重要。同時醫療的人權議題又牽涉到國家政策、國民的需求與醫療專業集團的知識,所以不僅複雜而且有時會形成許多爭議等待抉擇。

關於醫療人權有兩個觀察的方向,其一是巨視的國家醫療政策,例如健保、長照、精神衛生或醫療人力資源政策等,另一則是微視的醫患關係,例如病患自主權或醫療人員的權益保障。以往醫療的議題偏重於醫療專業的尊重,但是如今風向已有所轉變,醫患關係的變化直接影響到國家的醫療政策。這個變化不僅是指醫患關係的緊張化或權利義務化而已,醫患一體,企圖改變國家安樂死政策的種種討論,

在我國也是方興未艾。

三、障礙者人權——和你一樣,我們也有一顆想飛的心

通常我們都會稱身心障礙者為「殘障」,而「殘」這個自代表缺陷、代表失能,亦即與常人不同具有缺陷之意。這種歧視加上施捨的心態,造成一種社會上的排斥,讓身心障礙者被逼得終身身處社會邊緣。

然而,重點或許不是對身心障礙者施以醫療措施,讓其能夠「正常化」,進而回歸到我們正常人的社會中,與我們一同為自己為社會打拼;讓障礙者失能的或許不是其身心的狀態,而是只顧慮到「正常人」生活所需的社會環境,或甚至文化。這些只顧慮到一般人方便或利益的環境,事實上對障礙者而言,就是一種牢籠或藩籬,一步步地將障礙者推到失能的淵藪。

障礙者的人權不僅是醫療的給付而已,更重要的是讓障礙者能夠

發揮能力參與社會生活的環境與文化的建設。讀讀傅柯的「瘋癲與文明」或許是進一步理解障礙者人權的第一步。

四、性別人權——王子與公主會永遠幸福？

婚姻關係中，一般人的概念都是要求女性付出較多的時間與勞力來支持一個婚姻，而且堅信只有男女的結合，才能實現理想的婚姻。換言之，生理與心理的女性是被通俗概念拘束住的，其社會角色與任務就是犧牲奉獻。不僅如此，延伸出去，同性間的婚姻之所以不被一些人接受，其理由之一或許就在這類的婚姻會造成既定概念的混淆與困擾。

男性剛毅外向、女性溫柔體貼的既定概念，不僅是在婚姻中，甚且在追求行動或職場工作中都造成許多的悲劇或遺憾。女性受害，同時男性也被拘束在既定的概念中變

成另類的受害人。所以在談及白馬王子與睡美人公主之前，或許應該先揚棄王子與公主的角色設定，以大家都是人為出發點，重行考量人與人間的關係。

五、種族人權——膚色決定命運？

從黑人、印第安人，到山地同胞、外勞，這些字眼都充滿了歧視、排擠與差異化，把這些人視為「劣等的他者」。對於「劣等的他者」的歧視與排擠，不僅是一種求安全的慾望表現而已，這更代表了歧視他人藉以肯認自我存在的人性。

白人美語教師鬧出社會事件時，我們會認為這是例外，並不會對整個白人美語教師族群展開防禦或抵制措施，但是一旦東南亞的移工聚集在一處時，我們卻又立即產生恐懼，希望能夠制止這類的活動或現象。問題可能不是出在教師與勞動者這個職業上的差別，而在於膚色

的深淺。然而，膚色的深淺並不僅止於顏色的問題而已，其更深入地牽涉到對於某特定膚色族群的文化、經濟、政治上的排序或甚至歧視。

　　大部分的人歧視臺灣的原住民，透過教育資源的援助以及社會地位的貶抑，來封鎖原住民的社會進出。亦即，積極支援，然後在社會活動的機會上的實質壓抑，讓其無法獲得成就，然後說嘴這些人就是劣等，縱然援助，也沒有效用。這是社會的現實，也是一般人的共識。問題是這樣好嗎？在利用膚色、種族特定某些人的社會地位或權益關係前，或許我們應該以無色的眼光，把對方當人看待，這樣才能夠把自己當人看待。

六、老人人權——高齡社會全面來襲，老人有話要說

　　出生率與死亡率黃金交叉後，社會人口的老化現象愈來愈明顯，然而我們國家的老人政策卻僅是著重在照護方面，整體而言是以施捨的角度面對社會人口的老化問題。人生幾乎有三分之一的日子被歸納到老年，如果這段時間被認定為「需要他人照護、關懷、協助」的日子，則老人們若不是只能仰賴他人的施捨而活存，不然即是一種僅能努力展現自己殘餘的價值，希望社會的中堅份子可以看到夕陽美麗的存在。

　　然而，這段除非遭逢意外，不然每個人都必須經歷的三分之一人生，就僅是這麼悲慘？如何尋求老人的自尊與自立的方法，並予以保障一事，才是老齡社會所應採的策略。也就是說，除了照護與關懷外，社會中也應該努力促成能讓老人維護其尊嚴，並積極參與社會活動的氛圍與環境。不然，大部分人的人生都無法避免枯萎、衰亡一途。老人人權問題，不是老人的問題，而是整體社會的問題。

七、兒童及少年人權——未來的主人翁？

兒童及少年的人權是個複雜的議題，表意權（加上伴同權）、文化休閒權以及工作權，是目前臺灣社會直接面對且迫切需要解決的問題。這些都牽涉到將兒童及少年客體化、宰制與剝削的議題，更可怕的是有些部分，還是以愛為名，讓真相被隱藏起來。

兒童及少年是國家未來的主人翁這一句話，真的是充分地表露出現在臺灣的未成年人所受的待遇。為了你好，為了國家社會的未來，現在我們必須好好地教養你，讓你成為有用的人。這種想法實際上僅是看這些未成年人尚無能力反抗，於是成年人們恣意地為自己的利益捏塑未成年人而已。根本就談不上尊重未成年人的意願與助其發展自己的人生。

然而，另一方面，社會中也存在著另一群連以上的「干涉」都享受不到的未成年人。這些兒童與少年被排擠到社會邊緣，連好好受教養的機會都沒有。從出生開始，就沒有被視為國家未來的主人翁，教育與社福的資源根本都沒有到位。這些生存在廢墟的未成年人，其將來已經是個定論，鹹魚翻身僅是個神話而已。

理解與建設以未成年人自己本身為核心的教養體制前，我們必須先正視社會中的歧視與差別對待的問題。

八、刑事司法人權——李組長眉頭一皺，發現事情不單純

刑事司法分成偵查、審判與執行三部分，雖然各有其相異的人權議題，不過整體而言，均不脫「無罪推定」的範疇。不管對於無罪推定原則採取狹義還是廣義的定義，其根本的意涵不外是國家司法權力

的限縮。然而，這卻是與一般國民的想法相左的法律原則，是一種歷史經驗的產物。

　　一般人大多會認為國家司法權力就是替代犯罪被害人實現復仇願望的權力，所以若不及時破案，或因為證據不足而無法重罰，或甚至讓受刑人吃得好穿得暖，這都是違背人民期待的政府作為，無法保護犯罪被害人。然而，國家刑事司法的權力如果沒有任何限制，最終將會讓這個社會發生許多的悲劇。況且，不顧程序也不顧實情，一味對嫌疑人、被告或受刑人展開酷刑或施虐，不僅容易造成冤獄，也對真正的犯罪人不利，逼迫他們再度犯罪。

　　當然國家也要照顧被害人，而且這也是國家的義務，不過不應該透過刑事司法權力的運作來實現而已。刑事司法權力是為了公益而發動，並不是為了替代被害人執行復仇而運作，雖然現在的刑事司法改革朝向被害人的刑事訴訟參與，這也不是讓被害人把刑事司法權力的運作當成復仇的手段，被害人人權的保障，其實應該另循其他管道。

　　以上簡略地就八項人權議題作了導讀，希望能增加使用本書的人對本書的理解。當然人權的議題絕對不僅是止於這八項議題而已，其餘例如移工人權、外國人人權等等，還有許多我國目前面臨的人權議題，希望能夠藉著這本書的引介，讓更多人能夠深入探討攸關我們生活的人權議題，並提升人權與尊嚴的涵養。

圖 0-1　用尊重與理解落實人權，若要他人尊重你，則應該先學會尊重他人

1

勞動人權
老闆跟員工都不要委屈

文／徐婉寧、編輯部

16 歲的高一生小睿，打算半工半讀支付生活費，於取得父母同意後，到手搖飲料「杯杯」公司上班。當初應徵的時候，說好上班時間為週六、週日兩天，早上 10 點到晚上 7 點，中午休息一小時。時薪為 100 元。

但實際開始上班後，才發現公司還要求每天至少要賣出 100 杯的飲料才可以下班，導致小睿常常工作到晚上 10 點才能回家。

1 個月後，小睿領薪水時發現每天加班的部分都沒有額外領到薪水或加班費，而且某天因為實在太累，不小心恍神被滾燙的茶水燙到，5 點就提早下班去就醫的部分還被扣薪水。

小睿便向主管詢問，主管卻回答是小睿自己笨手笨腳才會被燙到，而且沒辦法在時間內賣出 100 杯才必須晚下班，竟然還敢要求補發薪水和加班費，並勃然大怒，對小睿拳打腳踢。因此他當場決定辭職，沒想到主管說：「當初進公司時說好至少會待 3 年，沒有做滿 3 年就辭職，必須賠公司 50 萬元的違約金，還要償還 10 萬元的培訓費用。」小睿聽到要賠 60 萬，真是嚇壞了，只好繼續上班。

這樣的工作環境與條件合理嗎？

工作權的保障

首先，我們可以先來談談工作權的保障，每個人都需要工作、賺錢，以維持基本的生活品質，而國家做了什麼來保護我們的工作權？

《憲法》第 15 條規定，「人民之生存權、工作權及財產權，應予保障。」為了確保勞工的工作權不受侵害，《勞動基準法》（下稱《勞基法》）針對解僱事由，做了明確的限制，只有在下列情形發生時，雇主才可以預告解僱勞工：

表 1-1　可預告解僱勞工的情形

1	歇業或轉讓時
2	虧損或業務緊縮時
3	不可抗力暫停工作在一個月以上時
4	業務性質變更，有減少勞工之必要，又無適當工作可供安置時
5	勞工對於所擔任之工作確不能勝任時

如果沒有《勞基法》規定的這幾種情況，雇主是不能任意解僱勞工的，這是為了保障勞工的工作權；而實務上更發展出「解僱最後手段性原則」，除了必須具備《勞基法》上述的事由以外，更進一步要求雇主必須先使用《勞基法》所賦予保護的各種手段後，才能解僱勞工。

當然，為了衡平雇主的權利，只要是勞工有下面的情況，雇主就可以不用預告直接解僱勞工。

表 1–2　不用預告可解僱勞工的情形

1	在訂立勞動契約時騙人，使雇主誤信而受損害，或有受損害的可能
2	對於雇主、雇主家屬、雇主代理人或其他共同工作的勞工，實施暴行或有重大侮辱的行為
3	犯罪且受有期徒刑以上的刑罰
4	違反勞動契約或工作規則，情節重大
5	故意損耗機器、工具、原料、產品，或其他雇主所有物品，或故意洩漏雇主技術上、營業上的秘密，造成雇主有所損害
6	無正當理由繼續曠工 3 天，或 1 個月內曠工達 6 天

同時《勞基法》還保護勞工，禁止雇主強制勞動，該法第 5 條規定：「雇主不得以強暴、脅迫、拘禁或其他非法之方法，強制勞工從事勞動。」

但是如果不是透過強暴、脅迫、拘禁或其他非法之方法，而是透過高額違約金的約定，迫使勞工不敢離職的話，是否可以呢？

圖 1–1　契約裡可能隱藏著許多陷阱

▌什麼是最低服務年限？

實務上常見雇主和勞工有「最低服務年限」的約定，限制勞工最少要服務滿幾年才能離職，而且這種約定

常常伴隨著高額的違約金或費用償還的請求，讓勞工害怕而不敢離職，但這樣的約定合法嗎？

▌最低服務年限的目的

最低服務年限之約定，主要是雇主希望可以降低人事的流動、確保成本支出的回收與獲利，以及提升生產技術，對維護企業的經營利益，具有正面的功能；但另一方面，這其實限制了勞工離職的自由，鉅額的違約金往往使得無力負擔的勞工，在雇主有不合理對待時，也不敢輕易離職。

▌我國對最低服務年限的規定

日本法律明訂，禁止締結「不履行勞動契約時應付違約金」這種條款在契約中。我國沒有類似的條文，僅《勞基法》規定雇主不得預扣勞工工資作為違約金或賠償費用。因此締結「違約金條款」這種約定，在我國並不違法。因此在我國實務界，向來都在討論這些拘束勞工離職自由的約定是否具備「必要性」與「合理性」，而違約金的部分則回歸《民法》的規定，由法院決定是否合理或需要酌減。

但當有培訓費用或補償時，情況則不太一樣，《勞基法》明文規定如果符合「雇主為勞工進行專業技術培訓，並提供該項培訓費用」或「雇主為使勞工遵守最低服務年限之約定，提供其合理補償」時，雇主就可以與勞工約定最低服務年限。

空服員、機師等職業因公司須付出培訓成本，所以常會有最低服務年限的約定，這些約定不能逾越合理範圍，否則該約定會直接被視為無效。

上班族都在窮忙？

前面我們知道了《憲法》保障了我們生存、工作、財產權，而《勞基法》依據憲法精神明文規定：「雇主與勞工所訂勞動條件，不得低於勞基法所定之最低標準。」這就是《憲法》保障生存權的實際體現。

其中工資與工時為重要的勞動條件，這些基本上都是雇主跟勞工約定，但不得低於《勞基法》規定的基本工資與基本工時。

基本工資如何訂定？

　　我國的基本工資是由中央主管機關所設置的「基本工資審議委員會」擬訂後，報請行政院核定。若雇主與勞工兩方約定的工資低於基本工資，就算勞工願意接受低薪，但因為違反了《勞基法》，雇主會被視為違法並可處以罰鍰。

　　而基本工資在近幾年一直是非常熱門的話題，因為這強烈的關係到民生生活品質，我們可以看到政治團體也時常以提供基本工資等政見，來吸引選民選擇他們。但許多國家如瑞典、芬蘭、丹麥、瑞士、奧地利、義大利，沒有設定基本工資，而是依靠勞工團體或工會透過集體協商設立最低薪資。

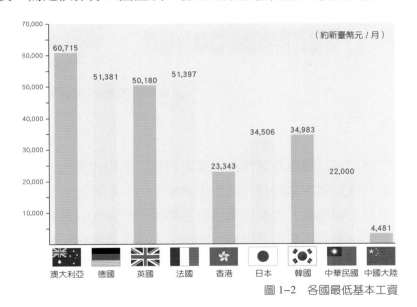

圖 1-2　各國最低基本工資

這是各國規定的基本工資，那麼來看看臺灣與鄰近國家的平均工資。

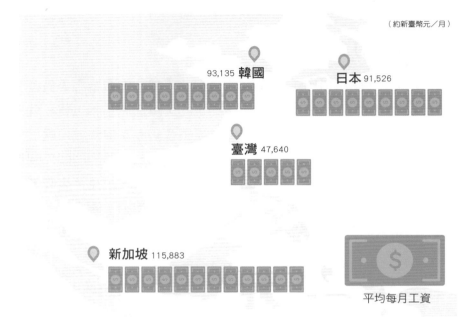

圖 1-3　臺灣與鄰近國家的平均工資

▎低薪問題

　　從圖表中我們可以發現臺灣與鄰近國家相比，平均薪資低了不少。多數人可能覺得提高薪資對雇主來說是一種支出的增加，但事實上，「重賞之下必有勇夫」，當實質工資越高，生產效率也會越高，一個合理的最適工資水準不但不會使企業虧損，反而使勞動者越努力工作，提高企業獲利，彼此創造雙贏。

臺灣是過勞之島？

你覺得一天工作多長時間可以接受？我們先來看看我國與鄰近國家主要城市的平均工作時間。

圖 1-4　臺灣與鄰近國家的一週平均工時

工時過長的確會引發一些可怕的結果，例如蝶戀花客運國道翻車案，造成33 人死亡，當時臺北市勞動局曾表示，主因可能就是駕駛過勞。

▌勞基法對於工時的保護

為保護勞雇關係中相對處於弱勢的勞工權益，法律積極介入勞動契約內容。

根據契約自由原則的適用，資方與勞方之間，要如何約定工作內容、工作時間、工作薪資，都是不受任何限制的。但實際上，資方與勞方的地位並不是相等的，勞方可能擔心被解僱等原因，而忍受著不公平的條件，這就是《勞基法》存在的意義，以法律積極介入勞動契約內容，保障勞工的基本權，以免被單方面壓榨。

為確保勞工的身心健康，《勞基法》對於勞工的正常法定工時有給予一定的限制。該法近年經歷兩次重大修改，2016 年將舊制雙週 84 小時，修正為每週 40 小時，每 7 天有一天例假、一天休息日，保障輪班工作者至少需要連續休息 11 小時。2017 年行政院提出新版修訂辦法，要把一例一休與休息時間彈性放寬，雇主如需要勞工加班，於程序上必須經工會或勞資會議同意，且其加班的時數上限仍受到連同正常工作時間，一日不得超過 12 小時、一個月不得超過 46 小時的限制。如果雇主沒有符合上述規定，而是單獨、個別取得勞工同意，依然是違法的，並且可以處以罰鍰。

不過勞動部曾說明，法令上沒有「過勞死」的文字，但若透過醫師專業判斷，確認勞工的疾病是跟工作有關或符合《職業促發腦血管及心臟疾病之認定參考指引》，就可認定為職災勞工，申請職災給付。

因為工作而受的傷 —— 職業災害之預防與救濟

美國無線電公司 (Radio Corporation of America, RCA) 生產電視機、映像管、錄放影機、音響等產品。1970 年，RCA 於桃園設廠，生產電子相關產品。1991 年，被發

現該工廠的有機化學廢料有毒，不僅造成工人健康受影響，也污染了當地的土壤。

由於許多受僱勞工在工作時會無可避免地吸入或接觸有機溶劑，且廠區飲水機、員工宿舍也是接地下水，因此員工工作地點、洗澡或飲水皆大量暴露在高致癌性之有機溶劑。

1998 年 6 月，臺灣媒體報導原 RCA 桃園廠員工及廠址附近居民罹患癌症或死亡的狀況，因此受害員工宣布籌組「RCA 污染受害者自救會」，並打算對 RCA 提告求償。2015 年一審時，法院宣判受害者勝訴，相關企業共需賠償新臺幣 5 億 6445 萬元。經上訴第二審，在 2017 年 10 月 27 日，二審宣判賠償金額增加到 7 億 1840 萬元。經上訴最高法院，在 2018 年 8 月判決確定，4 家相關業者須連帶賠償其中 262 位員工或家屬共 5 億餘元，創下我國司法史上工殤案判賠金額最高紀錄。

圖 1-5　RCA 工人「法庭之友」到美國在臺協會聯合抗議美國全國製造商協會及美國全國對外貿易理事會，呼籲他們不要當無良美商的共犯

▌職業災害的預防

勞工執行職務時受傷或罹患職業病，往往因此不能工作或甚至失去生命，因此如何預防職業災害的發生，以及若不幸發生職業災害時如何加以救濟，是非常重要的課題。

對於職業災害的預防，目前主要的規定為《職業安全衛生法》，該法將職業災害定義為：「指因勞動場所之建築物、機械、設備、原料、材料、化學品、氣體、蒸氣、粉塵等或作業活動及其他職業上原因引起之工作者疾病、傷害、失能或死亡。」因此，雇主有義務確保

勞工在作業場所應得的安全與健康的保障。

▌職業災害的救濟

而職業災害的救濟制度，有《職業災害勞工保護法》所規定的補助與津貼，另外最主要是由《勞基法》中雇主的職業災害補償制度以及《勞工保險條例》的職業災害保險給付。雇主依法必須負擔無過失補償責任，也就是不管勞工對職業災害的發生有沒有過失，雇主都必須依法給予定額的補償，例如勞工在醫療中不能工作時，雇主應按其原領工資數額予以補償等。

而《勞工保險條例》的「職業災害保險給付」則為社會保險的一種，針對勞工遭遇職業災害時，可以申請職業災害保險給付，且原則上是強制保險，若雇主沒有幫勞工加入勞工保險，勞工遭遇職業災害時將無從申請保險給付，當然，雇主會被處罰鍰；而勞工無法申請保險所受的損失，應由投保單位依《勞工保險條例》規定之給付標準賠償。

如果勞動條件不佳，有爭取更好條件的可能嗎？

2016 年曾發生「中華航空空服員罷工事件」。起因於 2008 年兩岸開放直航、2011 年臺日簽訂航空新約，加上廉價航空的興起，造成飛機班次增加且競爭劇烈，另外還有國際油價大漲，使得航空公司獲利困難，在此情況之下，經營階層千方百計增加航班，並節約人事成本，導致員工的工作條件變差。

2016 年 6 月，空服員工會針對中華航空客艙組員發起的罷工行動，宣布自 2016 年 6 月 24 日凌晨 0 時起開始發動罷工行動，不再供應勞務，並在之後持續了三天，最後勞資雙方達成共識，是個成功的罷工案件。

這次事件除了是我國首例空中服務員的罷工行動，當時因為許多

圖 1-6　華航空服員夜宿南京東路的罷工行動

空姐在罷工現場,被稱為「史上顏值最高罷工」,而相關的勞動權利,都是由勞動三法所賦予。

▍勞動三權與勞動三法

勞動三權

　　勞動三權是指下列三個勞工權利:

團結權
依法組織或加入工會、協會之權利

協商權
依團體協約法，和資方達成集體交涉，也稱為集體協議或集體交涉權

爭議權
● 勞方而言是罷工權、怠工權
● 資方而言則可能是閉廠、封鎖

圖 1-7　勞動三權

其中團結權是最根本的，在確保工會合法存在後，就能以一個團體的身分與雇主進行協商，來爭取權益以及福利，使勞資協商能夠順利進行。

勞動三法

而勞動三法則是相對於勞動三權延伸出來的法律，分別是《工會法》、《團體協約法》及《勞資爭議處理法》，是勞資關係運作上的重要法律。

勞動三法以《勞基法》為核心，

目的是為了維持勞工有尊嚴的勞動條件，緩和勞動契約不對等的地位以及勞工受支配的從屬狀態，使勞工參與協商勞動條件，藉此促進勞動條件、勞工人格的維持。

▌聽說法國又發生罷工了？

罷工在法國幾乎天天上演，大眾運輸、私人企業、公家機關都隨時有可能罷工。曾有學校食堂人員罷工，被稱為「學校營養午餐之亂」。學校兩天前通知家長，即將因罷工而停止營養午餐的發放，許多父母們只好緊急請阿公阿嬤支援，或是早起準備餐盒。不過法國人普遍理解罷工的必要性，因此也都盡量更改作息配合。

勞工權益保障與勞動人權

我國對於勞工權益保障之諸多規定，其實都是源自於保障人權、維護人性尊嚴的《憲法》精神，除前述《勞基法》、勞動三法的規定

圖 1-8　法國罷工

外，還有設有禁止歧視、侵害勞工隱私等規定的《就業服務法》、《性別工作平等法》等。一般而言，勞工在交涉勞動條件時，常常處於相對的弱勢，提供勞務的過程中也處於雇主的指揮監督之下，因此如何保障勞動人權不受侵害，除了完備法律制度外，勞工本身藉由勞動三權的行使，透過工會的力量與雇主議定合理的勞動條件，才是根本的解決之道。

我 思 ✕ 我 想

1 ▶ 《勞基法》一例一休的修法爭議不斷延燒，究竟透過政府的力量介入勞雇雙方間私人的勞動契約是不是有必要的？

2 ▶ 近來常常可以看到勞工行使爭議權的新聞事件，勞工除了合法罷工以外，可否為其他爭議行為？例如設置罷工糾察線，或是在雇主的營業場所外勸導顧客不要入內與雇主為交易行為等？

3 ▶ 勞工於雇主的指揮監督下提供勞務時，雇主可否於工作場所設置監視器，監看公司提供帳號之員工的電子郵件，監聽辦公室的電話？

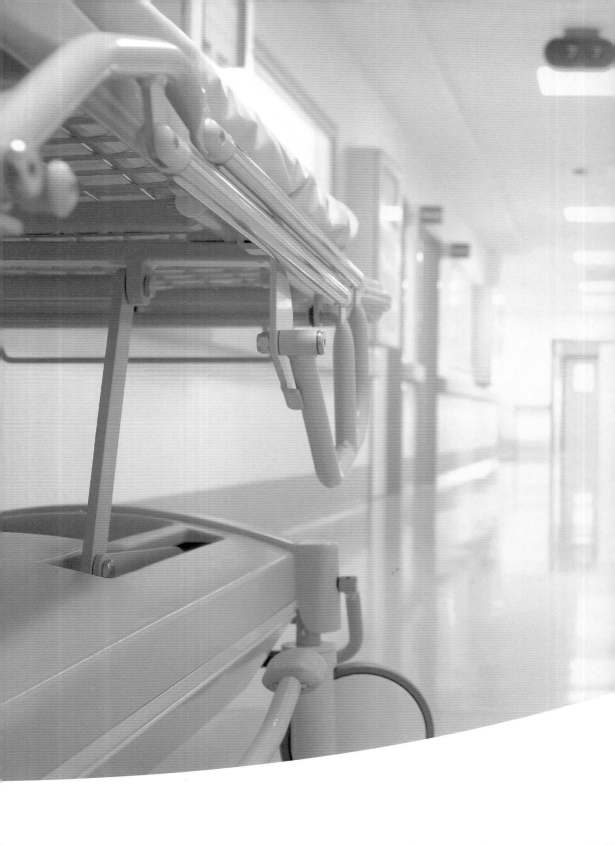

2

醫療人權

看病應該要聽誰的？

文／蔡秀男

我們時常在新聞報導裡可以看到急診室暴力事件，根據衛生福利部統計，其中3分之1為酒醉鬧事。急診室第一線醫師感嘆，一個酒醉民眾至少得出動醫師、護理師、保全三名人力，折騰一整晚，浪費醫療資源。

除此之外，當你去看病時，會不會希望醫生跟你詳細解釋你身體的情況，或是自己決定想要的醫療方針等？這些其實都牽涉到醫療中的人權。

什麼是醫療人權？

簡單來說醫療人權就是人民有要求國家保護其生命權、健康權、自由平等、自主決定、個人資料與隱私權等等的權利。同時，醫療人員也應該要尊重病人，使病人擁有上述的權利以及人性尊嚴，這些都是存在於醫療體系內的人權。那體系之外呢？一國的社會、經濟、環境建設等水準，跟人民之廣泛醫療人權更是息息相關。

在這個民主與法治的社會中，權利與義務是相對的。生命權與健康權，對病人是種權利，反之，同時也負有尊重醫療人員之生命健康權的義務。這就是醫療人員所擁有的醫療人權，例如專業自主權、診斷治療權、專業裁量權、醫療勞動人權，以及免於醫療暴力與公然侮辱誹謗的生命健康權與名譽權等。

病人有自主決定權，醫師也有專業裁量權，醫病互相尊重與信任，醫方與病方妥善溝通一起合作，才能一起面對人生的生老病死與醫療風險。

▎醫療受益權

請求國家與醫療機構保護以及一定給付的權利，如生命健康權、身體權、接受治療權、衛生保健請求權、一般健康照護、預防接種、婦幼健康照護、預防保健權、健康工作環境、醫療品質、個人尊嚴、醫療救助請求權、緊急醫療請求權等。

醫療防禦權

　　指消極地防止國家干預或侵害的權利，如自由權、平等權、自主決定權、拒絕權、安寧善終權、醫療資訊的知情權、隱私權，以及個人資料保護權等。

程序保障權

　　指有關申訴及訴訟的權利、醫療政策參與權、醫療資訊取得權以及告知後的同意權等。

國際公約如何保障醫療人權？

世界人權宣言	世界衛生組織憲章	經濟社會暨文化權利公約
第 25 條 人人有權享受為維持最高可達到之健康標準所需的生活與醫療水準	**前　言** 可達到最高水準之健康狀態為不分種族、宗教、政治信仰、經濟及社會地位之基本人權	**第 12 條第 1 項** 進一步要求會員國承認健康照護人權之存在，確認「可達到最高水準之健康狀態為不分種族、宗教、政治信仰、經濟及社會地位之基本人權」的宗旨
自此，醫療人權與醫療人權之觀念便逐漸成為被重視的人權體系，並成為世界醫學倫理之潮流與趨勢		並有所謂「人人有權享受能達到之最高生理與心理健康標準」

▲《消除對婦女一切形式歧視公約》第12條、《兒童權利公約》第24條、《身心障礙者權利公約》第25條，也都針對特殊族群之健康照護保障予以詳盡規範，並要求國家應負擔醫療人權保障與實踐之義務

圖 2-1　與醫療相關的國際公約

　　我國《公民與政治權利國際公約及經濟社會文化權利國際公約施行法》（簡稱《兩公約施行法》）第 2 條規定：「兩公約所揭示保障人權之規定，具有國內法律之效力。」亦將規範醫療人權之國際公約予以內國法化，使其於我國國內具有法律拘束力與強制力。

我國憲法與法律如何保障醫療人權？

▌ 憲法哪些條文提及醫療人權？

我國《憲法》第22條規定：「凡人民之其他自由及權利，不妨害社會秩序公共利益者，均受憲法之保障。」第155條：「國家為謀社會福利，應實施社會保險制度。人民之老弱殘廢，無力生活，及受非常災害者，國家應予以適當之扶助與救濟。」第157條：「國家為增進民族健康，應普遍推行衛生保健事業及公醫制度。」

另外，《憲法增修條文》第10條第5款至第8款也有相關規定，以示重視醫療人權，例如國家應推行全民健康保險，並促進現代和傳統醫藥之研究發展。

有學者認為透過《憲法》第22條之解釋，使醫療人權進入國內基本權保障體系；也有學者認為，同時透過《憲法》第155條、第157條及《憲法增修條文》第10條第5項等規定，彰顯了國家對於醫療人權保障的重視。

除此之外，大法官會議也透過對於法律的解釋，逐漸肯定醫療人權之存在，如在釋字第701號解釋的協同意見書中便主張，《兩公約施行法》已經將醫療人權確立於我國實證法規之中，而具備法律上權利的位階；也有大法官亦肯定醫療人權為《憲法》基本權利的重要內涵，且國家對於維持人民最高健康標準的義務，雖無法均立即實現，但最少有若干核心義務應立即實現。

▌ 醫療平等權

在醫療平等權上，任一人民在醫療社會環境中，都應該具有平等享受合理醫療資源的權利，如《憲法》第7條所揭示，中華民國人民，無分男女、宗教、種族、階級、黨派，在法律上一律平等。同理，在醫療資源

享受上也應該一律平等，國家醫療資源歸全體國民所共有，亦由全體國民所共享。而國家推行的全民健康保險，與臺灣醫療網等政策，都是為了讓全體國民能夠平等享受醫療資源所做的措施。

然而，醫療資源的分配需遵循「急症重症優先原則」，指醫院急診部門都有檢傷分類，也就是將病患依病情輕重分為不同的等級，嚴重的病人先看，而不是先到先看診。病人到達急診後，由醫護人員依此標準，快速評估病人病情並分類，以給予病人適當的治療。

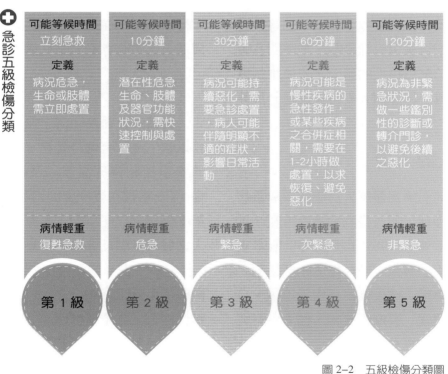

圖 2-2　五級檢傷分類圖

目前臺灣各醫院急診擁塞的情形非常嚴重，民眾應體認緊急醫療資源有限的事實，然而有許多病人及家屬並不瞭解檢傷分類之涵義，常常因不耐久候，而衍生醫療暴力與糾紛，造成急診困擾外，也影響重症病人的治療。

為了有效分配醫療資源，與維護病人醫療品質，輕重症至不同等級醫院，配合檢傷分類級數，把時間及資源留給緊急重症的病人，才能維持醫療品質，保障病人安全與促進全民健康。

病人的人權？

前面講到醫療人員應該要尊重病人的權利，哪些權利須被尊重呢？世界醫師會在 1981 年提出《里斯本宣言》揭示病人應被尊重的相關權利，如生命權、健康權、自由平等權、自主決定權、醫療拒絕權、個人資料與隱私權等權利。

其中重要內容包括病人有知道收關自主決定相關訊息的權利（只有在訊息揭露可能對病人造成重大生命或是健康危害時，才是可隱蔽資訊的例外狀況）；失去意識的病人必須由法定的代理人代理同意；即使是因自殺失去意識的病人，醫師應該盡量嘗試挽救其生命；除非是法律明確的規範或是病人明確的意願表達，保密訊息才得以揭露：必須根據病人的文化與價值來保障其尊嚴與隱私權等。

▌醫療自主權與安寧善終權

對醫師及醫院而言，除了救治義務以求生，還有善終義務，尊重病人的安寧緩和醫療需求以及病人自主權。《安寧緩和醫療條例》開宗明義，第 1 條指出立法目的，為尊重末期病人之醫療意願及保障其權益。並於第 3 條定義「安寧緩和醫療」，係指為減輕或免除末期病人之生理、心理及靈性痛苦，施予緩解性、支持性之安寧醫療照護，以增進其生活品質。而為尊重末期病人的醫療意願，末期病

人有哪些選擇項目呢？除了得立意願書選擇安寧緩和醫療外，還可以作維生醫療抉擇 ❶。

　　所謂的意願書是主張「自然死」，藉由安寧緩和醫療的照顧提升末期病人的生活品質，而讓死亡自然到來，雖然哀傷卻能自然尊嚴、溫馨與安詳。但這不等於安樂死，所謂的「安樂死」是指需要由醫師協助積極造成病人死亡，由於牽涉道德問題，在我國並不合法。

圖 2-3　安寧和緩的醫療是否更符合人性？

　　但為尊重病人自主權，我國訂立有《病人自主權利法》，為亞洲第一部病人自主權利的專法，該法重點在於使具完全行為能力之意願人可以透過「預立醫療照護諮商」，事先立下書面之「預立醫療決定」❷，可以選擇接受或拒絕醫療。所以，「預立醫療照護諮商」及「預立醫療決定」兩個制度是本法之實施重點。

　　但也設下條件，僅適用於以下五種臨床條件，且有嚴格認定標準 ❸：末期病人、處於不可逆轉的昏迷狀況、永久植物人狀態、極重度失智、

註
解
❶「末期病人」指罹患嚴重傷病，經醫師診斷認為不可治癒，且有醫學上之證據，近期內病程進行至死亡已不可避免者。「維生醫療」是指用以維持末期病人生命徵象，但無治癒效果，而只能延長其瀕死過程的醫療措施。「維生醫療抉擇」是指末期病人對心肺復甦術或維生醫療施行的選擇。

❷須由醫療機構提供預立醫療照護諮商，並於預立醫療決定上核章證明，再經公證人公證或有具完全行為能力者二人以上在場見證，最後註記於全民健康保險 IC 卡，才算完成「預立醫療決定」而具有效力。

❸每項認定應由二位具相關專科醫師資格的醫師確診，並經緩和醫療團隊至少二次照會確認，以示周延。

其他經公告之病人疾病狀況或痛苦難以忍受、疾病無法治癒且依當時醫療水準無其他合適解決方法之情形。

《病人自主權利法》的特色就是無處罰規定，目的是提供病人選擇接受或拒絕醫療的機會，因為病人的意願涉及倫理、專業判斷及個人信仰等不確定變數，若加以處罰，迫使醫師、病人或親屬依法選擇，將有礙於本法的推動。

醫療人員有什麼人權？

▌醫療人員的醫護安全

醫療暴力與相關新聞事件層出不窮，你是否曾思考過為什麼臺灣的醫療暴力事件越來越多？又該如何預防與處理呢？醫療職場安全議題與關懷員工機制，越來越受到社會大眾的重視。

當醫師的專業與人性尊嚴不受尊重信賴時，醫病衝突與醫療糾紛往往就很難避免。只有醫病互相尊重與信任，才能創造和諧的醫病關係，避免醫療糾紛，共創雙贏，解決生命與健康問題。為此，《醫療法》第 24 條第 2 項也做了修正，規定為保障就醫安全，任何人不得以強暴、脅迫、恐嚇、公然侮辱或其他非法之方法，妨礙醫療業務之執行。醫療機構應採必要措施，以確保醫事人員執行醫療業務時之安全。違反者，警察可為排除或制止其行為，嚴重者甚至可移送司法機關進行偵辦。

醫療充滿風險與不確定性，醫療是救命專業，要有醫療品質管理，善盡社會責任與公益形象管理。病患與醫療勞工同受尊重，才能回歸良善和諧的醫病關係，彰顯行善互信互重的醫療本質。

醫療勞動人權是什麼？

健保制度下的醫護人員

　　健保總額制度為了維持財務平衡，壓縮了基層醫護的人事與勞務成本，換言之，健保制度可能犧牲了醫護的「勞動人權」，而造成健保給付低廉、職災保障低、工時過長、醫護過勞、科別人力失衡等情況。有人形容是「血汗工廠」，也有人說是「血汗醫院」。種種現象

圖2-4　護理產業工會抗議人力不足的醫護人員身兼雜務，除導致醫療品質變差，還造成護病相殘，引起更多不必要的醫療糾紛

值得我們思考，如何才能兼顧「醫療勞動安全」與「醫療品質安全」呢？

　　歷屆總統都曾指出要積極改善醫療環境、醫護過勞與醫界四大皆空❹。因此除了增加人力、提高護理人員的待遇福利，也應將準時下班納入醫院評鑑。

　　但改善了醫療勞動人權是否可減少醫療訴訟的氾濫，改善醫療制度崩潰危機？相關醫護勞動人權與法制，實在值得關心與改革。

勞動法規的保護

　　勞動人權之實質內涵，亦即合理且有尊嚴的勞動條件，如合理工時、合理報酬、合理僱用、職災保障等勞動基本人權。因此也應有可

註解　❹醫界內科、外科、婦產科、小兒科由於風險高，被病患起訴的機率高，因此沒有人願意進入，稱為醫界四大皆空。

以組織工會的團結權；與資方協商勞動條件的協商權，以及透過調解、仲裁、罷工等手段爭取合理勞動條件的爭議權（不過《勞資爭議處理法》第 54 條基於公益規定醫院不得罷工）。

有關醫護勞動人權概念與勞動法規制度，《勞動基準法》、《勞工安全衛生法》、《職業災害勞工保護法》、《勞工保險條例》、《勞工保險被保險人因執行職務而致傷病審查準則》、職業疾病認定基準等相關醫護勞動法規，值得進一步衍伸學習研究。

2017 年世界醫師會發布《日內瓦宣言》，在最新版的醫師誓詞中，除了強調「尊重病人的自主權與尊嚴」，還加入了：「我將要致力於自身的健康、福祉與能力，以提供最高標準的照護。」顯現當代醫師普遍過勞的職場環境，超時工作、醫療暴力威脅、職場霸凌與性騷擾，不僅可能危害醫師個人健康，也可能影響病人安全，醫師身心健康關係到照護品質及病人權益，醫師須照顧好自己的健康，將成為專業倫理的一環，如何兼顧病人安全與醫療勞動人權？已經是受到廣泛注意的重要課題。

圖 2-5　醫護人員若沒有合理的工作環境，將會造成醫療環境的品質下降

如何兼顧病人人權與醫療勞動人權避免醫療糾紛？

病人有醫療人權，醫療機構與醫護都有尊重義務，人民也有要求國家保護其生命權、健康權、自由平等、自主決定、個人資料與隱私權等權利。相對地，醫療人員也有

醫療人權，如專業自主權、診斷治療權、專業裁量權、醫療勞動人權，以及免於醫療暴力與公然侮辱誹謗之生命健康權與名譽權。

為什麼醫病溝通不良，導致糾紛頻傳？為什麼有些病患總是抱怨醫護不懂我的心？為什麼只會談病人安全，從不談醫護安全？為什麼只會講醫學倫理，從不談就醫倫理？

在制度上如何改革才能促進醫病良性關係？臺灣醫療崩壞是現在進行式，臺灣需要什麼樣的醫療法制改革工程？才能搶救醫療崩壞與護理崩壞，讓臺灣醫護與醫事人員不會被嚴酷的醫療糾紛所糾纏，繼續安心行醫，照顧病患，保障全民健康呢？圖 2–6 列出十大改革方向，但平心而論，臺灣醫療法制改革，仍值得各界繼續努力溝通與思考。

病人有醫療人權，人民有要求國家保護其生命權、健康權、自由平等、自主決定、個人資料與隱私權等權利。醫療人員也應該尊重病人擁有上述權利與人性尊嚴。醫療體系內之人權以外，更多國家社會經濟環境建設水準，跟人民的廣泛醫療人權更是息息相關。

民主社會中有權利也有義務，相對地，醫療人員也有醫療人權，如專業自主權、診斷治療權、專業裁量權、醫療勞動人權，以及免於醫療暴力與公然侮辱誹謗之生命健康權與名譽權。

為了醫療平等權與珍惜醫療資源，維護病人醫療品質，重症到大醫院，輕症到小醫院，配合檢傷分類級數，請病人耐心等候，把時間及資源留給緊急重症的病人，才能維持醫療品質，保障病人安全與促進全民健康。

國際公約與我國《憲法》都肯定醫療人權之保障，如何兼顧病人人權與醫療勞動人權避免醫療糾紛？值得我們好好省思。

1 醫療刑事責任嚴格化
醫療紛爭法律責任,各界推動「醫療刑責明確化」,刑事責任應明確嚴加認定

2 醫療糾紛處理和諧化
醫療糾紛的解決模式,訴訟應去氾濫化,朝野應能構思醫療糾紛妥善處理之相關立法

3 醫療法律責任民事化
醫療紛爭解決民事化,應趨民避刑化,盡量以民事損害責任取代刑罰追訴

4 醫管民事責任直接化
醫院管理應承擔直接責任,避免醫療機構將系統責任轉嫁給醫護個人,個人可能承擔賠償責任將惡化職場安全環境致人才流失

5 醫療鑑定程序透明化
鑑定應兼顧程序與實質正義,鑑定應考量當時當地原則與專業醫療水準,鑑定人是否應到庭具結並接受交互詰問,更能釐清客觀事證

6 醫師專業裁量尊重化
起訴、鑑定、審判,應尊重醫師之專業裁量權,適用法律應符合經驗法則與論理法則

7 最高法院刑判共識化
最高法院可建立刑庭決議與共識,宜尊重醫師裁量權,建立合理一致之審判水準,避免寬嚴標準不一

8 醫療風險救濟制度化
不可避免之臨床醫療風險為無罪免賠;醫療風險救濟制度化,增加不責難補償制度。《生產事故救濟條例》已立法,但醫療糾紛責任保險尚未普遍

9 善意緊急救助免責化
推動好撒馬利亞人法案(Good Samaritan Law),增修《緊急醫療救護法》第4條之1:善意救助,得免除責任

10 醫院暴力維安強勢化
應具體強化《醫療法》第24條,警察機關之協助排除或制止暴力義務,維護醫療機構之安寧與公共安全

圖 2-6 醫療法制改革十大重點圖

圖 2-7　互相尊重與信任，才能創造和諧的醫病關係，共創醫病雙贏

我 思 ╳ 我 想

1 ▶ 去醫院看病的時候，你希望醫生跟你講到多清楚呢？是否想了解一下不同的治療方式再由自己選擇呢？試著想想看病人自主權可能包含了哪些情況。

2 ▶ 若你患病，是否會想避免讓他人知道？若你每次去看醫生時，醫生都可從健保卡紀錄中看到你前一次的看診紀錄，你會覺得自己引隱私權被侵犯嗎？為什麼？

3 ▶ 試著想想看，病人人權與醫療勞動人權可能會有怎樣的糾紛出現？你認為如何解決？

3

障礙者人權

和你一樣，我們也有一顆想飛的心

文／周月清、莊棋銘

這張圖片，你看到什麼？他是誰？他的處境如何？你有同樣經驗嗎？社會上有哪些人是在這種處境？

這張圖片，你又看到什麼？他是誰？他的處境如何？和上一張圖片的相同和相異處為何？你有同樣經驗嗎？社會上有哪些人是在這種處境？

什麼是身心障礙？

「障礙」第一個出現在你腦海裡的圖像是什麼？「身心障礙」呢？你生活周遭有身心障礙的家人或朋友嗎？他們的生活處境如何？

▌ 1980 年世界衛生組織對障礙的定義

圖 3-1　1980 年世界衛生組織對障礙的定義

1980 年代以前，世界衛生組織（World Health Organization，簡稱 WHO）認為損傷、障礙／失能、殘障三者是線性關係，表示有損傷、就會失能（或稱障礙，英文是

disability），之後變成「殘障」。這種觀點被視為是一種歧視，因為身體或心理有損傷，如近視或老年眼睛老花，或是在智商的分數比一般人低，但如果有眼鏡（輔具）、友善環境（老師上課時可以安排近視者坐在教室前排，或投票時可以考慮輪椅族的無障礙設施），損傷並不會直接帶來「失能」或導致「有障礙」，因此「殘障」指的不是人而是環境。

2000 年世界衛生組織對障礙的新定義

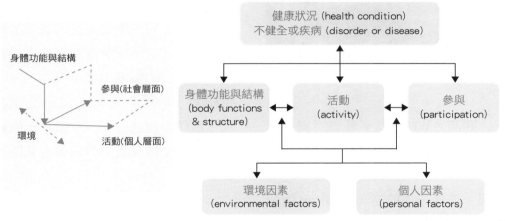

圖 3–2　2000 年世界衛生組織對障礙的新定義

　　圖 3–2 是 WHO 對障礙的新定義，認為損傷、障礙／失能、殘障不是線性關係，其中的社會環境因素非常重要。例如同樣是輪椅使用者，在臺北和在花東的生活可能就很不同，因為臺北有捷運、人行道有斜坡、公車有低底盤、國家戲劇院有輪椅席。然而，無障礙交通或公共設施，在花東可能都沒有，因此輪椅使用者在臺北的生活就幾乎和一般人一樣，可以外出參與活動、融入一般

障礙者人權
和你一樣，我們也有一顆想飛的心

人社區；反觀住在花東的輪椅族，可能就無法或難以外出，如開頭的第二張圖片被關在家裡。

圖 3-3　是否有障礙與其社會環境因素關係非常重大

同時，WHO 也不再使用損傷、障礙／失能、殘障這三個名詞，取而代之以中性語言描述身體與健康狀況。值得一提的是，handicap 這個英文字，千萬不要再使用，因為這是一個帶有歧視的語言──cap in the hand，是一種乞討，如同中文使用「殘障」、「殘廢」等名詞，「殘」是兩把刀針對「歹」而來，「廢」是負面名詞，這兩個名詞也表示在早期臺灣社會對障礙者的歧視與排擠。建議不但不要使用英文的 handicap 描述障礙者，也不要再使用「殘障」、「殘廢」等名詞（詳見 YouTube：台灣障礙台）。

用不同觀點來討論「障礙」

臺灣發生阿羅哈大客車車禍將乘客摔出車窗、某大學生騎摩托車被砂石車撞傷、黎巴嫩幼童在內戰中被槍炮襲擊及出生時缺氧等，這些人受有生、心理上的損傷，被標籤為「身心障礙者」，這是這些人自己造成的嗎？他們要自己負責嗎？還是全體社會、包括全球有權力的領導者都應該負責呢？

圖 3-4　臺灣曾發生許多駭人聽聞的車禍，也因此造成許多人生理、心理上的損傷

醫療模式 vs 社會模式

我們可以思考看看，發生障礙是因為自己祖先不積德、自己倒霉？還是和社會制度是否完善、社會正義與否有關？在我們的社會中，誰比較有可能造成身心障礙？是已開發國家抑或開發中國家？是白領階層抑或藍領階層？障礙議題是權利議題還是愛心慈善議題？

WHO 在 2000 年針對障礙的新定義，強調環境的重要性，同時，也針對障礙的發生，究竟是個人問題或僅是醫療復健議題，從社會結構和文化因素去分析及面對後，也提出了以下的定義。

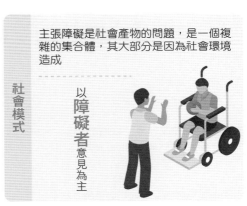

圖 3-5　醫療模式觀點與社會模式觀點

個人模式 vs 社會模式

英國障礙學學者奧利佛 (Michael Oliver)，曾是足球隊員，因游泳撞到泳池導致脊髓損傷，變成輪椅使用者；他也是英國甚至是國際著名的障礙運動者，主張障礙者要自己團結起來，改變有障礙的社會環境，而非交由本身非障礙者

的專家學者只想「治療」障礙者損傷部分，卻看不到不友善的有障礙環境。奧利佛提出兩種不同觀點看待障礙，解釋如下表。

表 3–1　障礙觀點：個人模式 vs 社會模式

個人模式 (individual model)	社會模式 (social model)
「障礙」的個人悲劇理論 (individual tragedy theory)	「障礙」的社會壓迫理論 (social oppression theory)
「障礙」是個人問題	「障礙」是社會問題
從個人處遇來「治療」障礙	以社會行動 (social action) 方式面對障礙，如改變有障礙的環境
醫療化：從「醫療」、「復健」角度看待障礙	自助：障礙者要自己發聲、團結起來從事有障礙環境的改革
專業權威主導	個人和集體責任
重視專家專業觀點	強調障礙者的自身經驗
要求障礙者去改變自己以適應 (adjustment) 社會——個人適應 (adaptation) 觀點	肯定障礙者自身經驗，而非一味要求障礙者去改變以適應即使有障礙的社會環境，亦即強調社會改變 (social change)，如改變有障礙的公共設施，包括無障礙的公共建築、低底盤公車、有輪椅席的音樂廳，讓障礙者也可以融入社會
對障礙者存有偏見，如視障礙者為弱勢族群、為易受傷害者、需被同情者、是非生產者、是社會依賴者	強調障礙者的被歧視要被看見，包括所有的偏見
視障礙者為弱勢者、易受傷害者，因此障礙者要被保護、照護，甚或被憐憫，因此持慈善、愛心、施捨觀點	強調障礙者有權利被支持、得到協助，但不表示障礙者是弱者、要被憐憫者

控制：障礙者被專家、社會環境、社會態度、社會制度、文化／媒體操控，無法自主生活，相關障礙政策只有專家觀點

選擇：障礙者可以參與各種和障礙相關的決策和服務，包括無障礙環境的設計、提供日常生活可以自主的各項支持性服務，可以選擇如何生活，包括食衣住行，如同你我一樣自己做決定，自主生活，而非聽任擺布、看人臉色

政策（誘導人失能、誘導貪心）：不當的政策會讓人更有障礙，如當今的福利服務提供的多寡都是建立在障礙程度的評量結果，變相鼓勵申請者為了獲得更多的福利服務，變得更失能

政治：強調當今的所有公共政策，針對障礙者的相關措施，都是和政治有關，包括政黨競合、政治人物、社會價值、社會態度、輿論、媒體、專業文化、障礙運動等，都有關係

圖 3-6　所謂的正常就是指跟大家都一樣嗎？

身心障礙就是不正常？

什麼是「正常」？什麼是「不正常」？所謂的「正常化」又是指誰的「正常化」？「回歸主流」又是誰的「主流」？「復健」是什麼意思？是必須的嗎？

如果我有三根或是六根指頭，一定要治療變成五根嗎？差別在哪裡？

如果你有三根指頭，但還是可以和一般人一樣，拿水、拿東西，你會去治療復健把它改成五根嗎？為什麼？如果你有六根指頭，六根指頭可能比五根指頭更好使用，你會去治療復健，把它改成五根嗎？為什麼？

經常會聽到一般人提到障礙者時說：「我們正常人……」，這其實暗示著障礙者是「不正常」或「特殊人」。

前述 WHO 已經針對障礙提出的新定義──社會模式觀點。但其實障礙在過去被認為是「有問題的」，且是個人的問題，因此要矯正、治療、改變，使他們與社會多數人一樣「正常」。

而所謂的「正常」，其實就是指「多數」，例如社會大多數的人有近視，其實近視是一種眼睛的損傷，但「我們」並沒有認為近視是種「不正常」。不過當情況是肢體的損傷，如輪椅使用者，就可能被視為「不正常」，或是被定義為「障礙」。

這裡的「我們」、「多數」就是社會的「主流」，主流決定了什麼是「正常」、「不正常」，並且定義了什麼是「障礙」。

然而多數並不代表就是正義的、正確的；少數也並不是錯誤的、偏差的，相反的，多數經常是霸凌者、欺壓者，如同臺灣少數原住民族 (2%)、新移民 (2%)、身心障礙者 (5%)，被多數的非原住民族 (98%)、非新移民 (98%)、非障礙者 (95%) 壓

迫一樣。而這些多數形成所謂的社會主流，決定社會的遊戲規則，如社會各種制度、法律，而少數者只能經由抗爭、社會運動，讓自己的聲音被聽到，包括被納入相關的社會「規則」。

身心障礙者的人權保障

「和你一樣，我有自主生活的權利，自己決定住在哪裡、和誰居住，包括自己決定什麼時候去拜訪我的朋友、看電影、參加音樂會、參觀畫展等。」你認識的、你周遭接觸到的、或聽到的障礙者有這些自主生活的平等權利嗎？

我國的身心障礙者保障

經濟安全權
身心障礙者權益保障法
社會救助法

健康權
身心障礙者權益保障法
全民健康保險法
兒童及少年福利與權益保障法

教育權
身心障礙者權益保障法
特殊教育法
兒童及少年福利與權益保障法

工作與就業權
身心障礙者權益保障法
就業服務法

居住權
身心障礙者權益保障法
住宅法

社會參與休閒文化權
身心障礙者權益保障法
建築法

生活支持權
身心障礙者權益保障法
長期照顧服務法

圖 3-7　身心障礙權益保障相關法律

同樣是障礙者，在臺灣的障礙者和在其他國家的障礙者生活處境有何不同？臺灣針對障礙者的各項權益保障（健康權、教育權、工作權、居住權、經濟安全、日常生活、文化休閒、老年照顧等），有什麼法案保障呢？

目前我國也制定相關法律以保障障礙者的各種權益，其中以《身心障礙者權益保障法》（簡稱《身權法》）最為完整，此法含括下面表格中的各種權益面向，包括針對身心障礙的定義（第 5 條）。然而相較聯合國的《身心障礙者權利公約》（Convention on the Rights of Persons with Disabilities；簡稱 CRPD），我國這些相關法律，包括《身權法》，都不是以積極維護人權為導向所制定的法律。

▌聯合國身心障礙者權利公約提及的「身心障礙者自立生活」

在全球障礙運動者共同倡議下，聯合國針對全球 6.5 億障礙者在社會生活中的平等權益保障，於 2006 年通過《身心障礙者權利公約》。我國雖然不是聯合國的會員，然立法院也於 2014 年通過《身心障礙者權利公約施行法》，如同我國總統簽署之聯合國《兩公約》及《消除對婦女一切形式歧視公約》(CEDAW)，其中也規定國家每三年要書寫 CRPD 執行狀況「國家報告書」以及民間版的「影子報告」，並接受國際審查委員的審查；針對 CRPD 的首次國際審查，於 2017 年 10 月執行。

CRPD 為 21 世紀第一個人權公約，聯合國期待 CRPD 帶來巨大改善，促使全球障礙者運動所訴求「沒有我們的參與，就不要替我們做決定」(nothing about us without us) 可落實在更多國家相關政策；強調障礙者是「有能力的」(can do)，而非過去的思維只討論障礙者「無能」(can't do)，影響各國相關政策與服

務，改變過去慈善思維，確保障礙者如同一般人有平等權利參與社會，接近所有公共領域，融入社區的生活，包括交通、資訊及溝通等。

CRPD 共 50 條，倡議障礙者平等權利的面向包括：平等機會；強調社會障礙／社會模式觀點；性別；公民權利──完全成員；權利／需求：誕生、兒童、少年、成人、老人、死亡；反歧視──文化、習慣風俗、法律、金融管理、投資（銀行、保險）；完全參與──健康照護、教育、工作、居住、交通、資訊、溝通、日常生活、休閒娛樂、文化、運動；社會融入；便利性；選擇、自由、尊嚴、自主；尊重差異、不同；參與各種與障礙者相關的決策。

▌依據 CRPD，我國相關單位可以進步的方向？

尊重障礙者的平等自由及尊嚴

CRPD 宗旨在於讓大眾認知到「障礙者的尊嚴」，並強調對障礙者態度及方法要有所改變，例如障礙者不可以被視為慈善對象，不是醫療或社會保障的「物品」(objects)；而是有權利的主體，障礙者是有能力的，在社會是主動成員。

重視社會的態度、環境因素

CRPD 對障礙的定義提及，障礙是一個發展的概念，障礙除了因為個人的損傷（生理、心理、智力、感官），加上社會的態度及環境阻礙，導致其未能和一般人一樣平等、完全、有效參與社會，並且，CRPD 不再使用「殘障」(handicapped)，針對生活與心理偏差行為，是使用 "persons with disability"。

例如，一位使用輪椅者有就業困難，不是因為他使用輪椅，而是緣自「有障礙的環境」，像是不便利的公車、階梯，或甚至是職場的不信任或被僱主拒絕的「社會態度」。

圖 3-8　臺北市的智慧公車候車亭,在候車亭設障礙人士燈號,讓公車不過站,且一看就知道需要無障礙坡道的架設協助

重視障礙者中的弱勢——女性、兒童及青年

CRPD 中亦呼籲社會應該重視女性障礙者與兒童障礙者應有權利。在臺灣社會,障礙青少年幾乎不被看見,青少年的相關設施或服務方案,似乎也排除這些有障礙的青年,也沒有這些青年參與的聲音。

重視身心障礙者參與各項與生活相關的決策

CRPD 強調各單位從事各種與障礙者相關的訓練、能力建構、政策規劃、相關知識的建構與傳達,無論是針對障礙者或是其他的非障礙者,都必須有障礙者參與,也就是 "nothing about us without us"。

強調身心障礙者生活與居住權利

CRPD 指出,障礙者和一般人一樣要被平等對待,如同社會每一位公民,有權利自主自己日常生活,有尊嚴的生活在社區,而非被隔離,如同「物品」被「安置」在集體居住的機構,24 小時過著被監控、沒有隱私的團體生活。同時,障礙者也和一般公民一樣,有結婚、離婚、成為父母及可以擁有子女監護的權利。

典型實例:棋銘故事

誕生在我們臺灣社會的棋銘,像前圖籠中之鳥,在家「被關」了 25 年,與外面社會幾乎完全隔離,來自社會的障礙,包括拒絕讓他入學的教育體系,缺乏政府資源介入改善家中的無障礙設施、缺乏輔具、

缺乏支持人力，如同本文那位困在孤島的障礙者。因著網路、電動輪椅，終於可以走出家門，過著和多數人一樣的「自立生活」。

▋「別人只有一個生日，我有三個生日」

1980 年的冬天，我出生在勞動者的平凡家庭。這是我第一個生日。

父親身為長子，母親為長男媳婦，背負著家族的期待。那年代，是很傳統的農業大家庭，即使我有兩個姊姊、一個哥哥，阿嬤還是覺得要多生一個男孩，多子多孫多幸福。我在這樣的期待下出生。誰知道，這樣的期待，竟然是命運的安排，我生來與一般孩子不同。

記得媽媽曾說，我出生外觀跟一般小嬰兒沒有不同；唯一不同的是特別愛哭，早上哭，晚上哭，吃飯哭，睡覺也哭。實在受不了，抱我到醫院照 X 光片，才發現我出生時接生不當，結果把右大腿拉斷了。

當時主治醫生曾說：「這孩子一輩子只能躺了，沒辦法站起來走了。這孩子可能活不過三十歲。」這些醫生的預測宣告，讓生下男孩的父母馬上墜入悲慘的谷底。在那個醫療不發達的年代，父母不清楚如何照顧我。只能心一橫，放在床上照顧，餓了餵牛奶，整日包尿布度日。不清楚我的疾病是罕見疾病中的「成骨不全症」。

長期躺在床上的我，雙腳變形，身高長不高，即使能走也是搖搖擺擺，走一步跌一步，根本就像走在鋼索上一樣危險。我每天躺在床上看著天花板，覺得自己像是被囚禁的小鳥，只能想像自由的天空。心裡常常埋怨，為何別人健步如飛，跌倒拍拍屁股就站起來？而我每天活在骨折的恐懼中，無法掙脫有障礙跟脆弱的軀殼？

也因為容易骨折，沒有適合雙腳變形的輪椅，使我無法進入一般小學就讀。童年時常感到孤單、挫

折，被社會孤立。就這樣度過了十數年，對我來說，童年跟青春，都是想像的場景，不是真實的人生。

直到 1998 年的夏天，我們家有了電腦。透過撥接上網，我可以在網路上吸取知識，從小我就是好奇寶寶，天馬行空的思考科學、哲學問題。網路讓我可以交網友，滿足失去（交友）機會的遺憾。這是我人生的第二個生日，滿滿的求知慾，終於不再受限於居家跟身體的障礙。

2006 年秋天，我在網路上認識身障同儕林君潔。我們同為成骨不全症者，卻有截然不同的人生。她從小在一般學校求學成長。大學畢業後，赴日研習身心障礙者課程。她在網路上，介紹使我大開我眼界的觀念：身心障礙者有權利在制度環境支持下「自立生活」。她曾說，在日本的身心障礙者，由國家制度支持，在社會上的生存獲得保障，不會被迫與世隔絕。

圖 3-9　所有身心障礙者都值得走在一條寬闊的道路上

當我聽到「自立生活」強調：障礙的困難，是社會問題，是「人權」議題時，扭轉我原本的思維，和我父母對我的教育完全不同。我曾自滿認為，雖然足不出戶，但我盡可能生活自理，沒輪椅就趴在地磚上爬行；寒冷的冬天，趴在磁磚上自己洗澡，即使想出門也壓抑內心渴望，為了不想麻煩他人。這叫委曲求全，這不是人生，不是生活，而是苟活。

終於在林君潔跟其他障礙者朋友的幫助下，我募得適合的輪椅，開始嘗試搬出來獨立居住，同時在自立生活協會上班。接觸「自立生活」，是我人生的第三個生日。從此，改變我身上（自卑自憐）的十字架，讓我放下對像超人般的自我堅持，真正接納自己，喜歡自己，其實可以很平凡的「生活」與存在著。

我 思 ╳ 我 想

1 ► 你認為社會對障礙者存有哪些社會迷思（錯誤的認知）？例如：身體、心理或感官有損傷就一定是失能嗎？是障礙者失能？還是社會失能？

2 ► 身體有損傷、智商低者，是「失敗」的表徵？是不漂亮的？是需要被同情？是社會的弱勢族群？是易受傷害者？我們的社會、文化如何定義「成功」？「美麗」？「強者」？

3 ► 「成功」障礙者、努力「站起來」的障礙者，是勵志對象，是這樣嗎？頒發身心障礙楷模「金鷹獎」背後的意識形態是什麼？社會大眾經由此金鷹獎楷模表揚，對障礙者的「認識」是什麼？是對障礙者平權的認識抑或更多社會迷思？國家頒發此獎項的意圖為何？得獎者和非得獎者的差別何在？國家對這些有得獎的「金鷹」的長成，曾經貢獻了什麼？。

4 ► 棋銘的例子，是否代表也有很多障礙者，在沒有社會制度支持下，也會被社會遺忘？你認為棋銘的困境，是他個人努力不夠？還是家庭功能不足？或者社會的共同責任？如果從社會模式跟身權公約角度來想，會是如何？

4

性別人權
王子與公主會永遠幸福？

文／賴芳玉

家庭與婚姻中的人權

▌ 每天早上你從鏡子裡看到什麼？

美國社會學家基梅爾 (Michael Kimmel) 在一場演講中提到，他多年前參加女性主義的讀書會時，曾聽到兩名女性的談話，這兩位女性一位是白人、一位是黑人，白人女性說：「所有的女人都因女人的身分感受到被壓迫，所有的女人在父權社會下有類似處境，所以直覺式地團結或形成姊妹意識。」但黑人女性說：「我可沒有這麼確定。」她又問：「當每天早上，你從鏡子裡看，你看到甚麼？」白人女性說：「我看到一個女人。」黑人女性說：「你看，對我而言，這就是問題所在。因為每天早上起床時，我從鏡子裡看到的是一個黑人女性。對我來說，種族是看得見的，但對你來說，種族是隱性、看不見的。」然後她說「特權就是這樣運作的；擁有特權的人看不見它。」特權對於擁有者而言是隱形的。

▌ 如果把婚姻或家庭當作一面鏡子，你看見什麼？

假設你是一個學生，一早可能被媽媽用著不耐煩的口氣喚醒，隨手塞了零用錢給你買早餐：「快點起床，又熬夜打電動是不是？」一連串的碎念，甚至夾雜幾句咆哮，和她平常在外妝容美好、氣質婉約的模樣天差地別。

然後媽媽急急忙忙地趕出門上班，接著同住的奶奶開始叨唸：「你媽又沒給你弄早餐了，也不知這個工作有什麼好的，家裡也不好好整理……」

晚上你可能聽到爸媽先是指責你的作息不當，看到你悶不吭聲，兩人轉而互相爭辯起來，爸爸對媽媽高聲道：「妳一個月才多少薪水，不如辭了工作，到我的店來幫忙，時間彈性，也比較好兼顧小孩，小孩到了青

春期，狀況很多，妳實在應該多花一
點時間給家裡，不要學那些報章雜誌
報導的女強人，把社會價值都扭曲
了，家庭永遠比事業更重要，孩子萬
一長歪了，像那些恐怖情人搞殺人或
自殺，我們做父母的，不是也要跟社
會大眾下跪，難道妳要等到那天才知
道後悔嗎？」

　　如果以上虛擬的日常對話是一面
鏡子，你看見什麼？是否看見哪些性
別特權正在運作？

　　家務事沒做好，孩子沒照顧好，
為什麼是女人的工作沒做好？為什麼
連家中的女性長輩也直接認為就是女
人的錯？為何家內的照顧責任需要有
人承擔更多時，就想到是女人離開職
場？

　　以上這些日常對話，不只是個案
的情境而已，而是大部分女性的經
歷；我們不妨讓數字呈現隱藏在對話
中的性別文化。

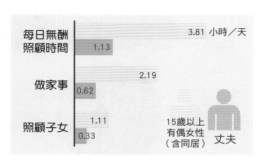

圖 4-1　有配偶的男性與女性，家事、照顧時間
分配比

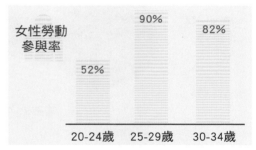

圖 4-2　女性依年齡層不同的勞動參與率

　　以上數據來自行政院主計總處，
清楚刻畫出女性確實因照顧家庭離開
職場，也比男性花更多時間從事無酬
照顧家務，可知我國現在仍存在家庭
角色的刻板印象。

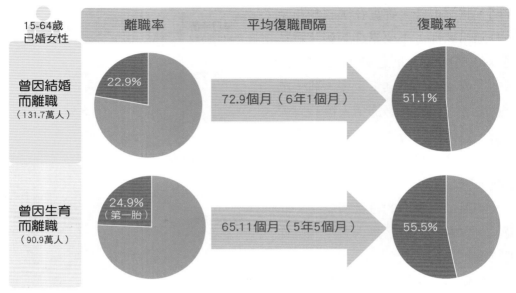

圖 4–3　已婚女性因結婚或生育而離職的離職率與復職平均時間

▍有關女性權利的法律修正

　　我國婦女運動強烈意識到「女人的生活、男人的法律」的現象，因此特別關注相關法律的修正，我們稱為女性主義法學運動。他們注意到女性總是被傳統社會文化要求扮演家庭照顧者的責任，因此將「家務應給付酬勞」的制度概念引入法律。

　　例如，《民法》第 1003 條之 1 規定：「家庭生活費用，除法律或契約另有約定外，由夫妻各依雙方的經濟能力、家事勞動或其他情事分擔之。」背後的立法精神是：「夫妻基於獨立平等之人格，對於婚姻共同生活體之維持，均有責任。」另外夫妻財產制也把家務提供當作評價的內涵，表面上規範財產，

但實際上是透過法律提醒提供家務者的價值。

家庭的付出是共同的

簡單地說，對於家庭的負擔，有錢出錢、有力出力，不是只有出錢的人才是付出的人，出力的人也有等值的貢獻。但不可諱言，縱使法律已然注意到性別平權，但性別角色的刻板印象依然存在日常生活中，被要求為家務犧牲的往往是女性而非男性。這個社會賦予男性在家庭角色的特權，很多人都沒看見，因為它已經是日常，所以我們需要更多的自我覺察。

同性伴侶的婚姻制度

或許有人注意到了以上情境和法律都建構在異性戀的婚姻制度，為何同性伴侶不能如同異性伴侶進入婚姻制度內？這個差異性是否公平合理？

其實為了保障同性伴侶的權益，早在 2015 年起，各地政府即開放同性伴侶註記，但只是證明兩人關係的一種方法，沒有法律效力。直到 2017 年 5 月 24 日，司法院大法官公布釋字第 748 號解釋，指出現行《民法》親屬編婚姻章規定，沒有使相同性別的二人，得為經營共同生活的目的，成立具有親密性及排他性的永久結合關係，與《憲法》第 22 條保障人民婚姻自由及第 7 條保障人民平等權之意旨有違。解釋文並要求有關機關應在兩年內修正或制定相關法律，若立法屆時未完成，同志得依《民法》規定至戶政機關辦結婚登記。

圖 4-4　支持者認為同性的兩人也應擁有結婚的權利

▌同性伴侶登記結婚狀況

2015 年，有同性伴侶到戶政機關希望登記結婚，但遭戶政機關否決，訴願未果，當事人因此提出行政訴訟，希望①撤銷戶政機關「否決結婚登記」的處分及訴願決定，並②命戶政機關辦理兩人的結婚登記。

訴訟過程中，釋字第 748 號解釋出爐了。臺北高等行政法院因此判決原告一部勝訴一部敗訴，勝訴的部分是基於第 748 號解釋，法院判決撤銷戶政機關「否決結婚登記」的處分及訴願決定；敗訴的部分則是因為相關法律尚未修正或制定，也未逾釋字所示的兩年期間，於法無據，不能要求戶政機關辦理結婚登記，認為原告的主張無理由，予以駁回。

上述案例至今尚未確定，因此在釋字第 748 號解釋所示的兩年期間尚未超過時，戶政機關是否應准許同志伴侶辦理結婚登記，仍處於不確定的狀況。

而由三項與此議題相關的 107 年公投議案如下：

表 4-1　107 年同性婚姻相關的公投議案

公投議案	同意票數	不同意票數	投票率	投票結果
第 10 案：你是否同意民法婚姻規定應限定在一男一女的結合？	7,658,008	2,907,429	55.8%	通過
第 12 案：你是否同意以民法婚姻規定以外之其他形式來保障同性別二人經營永久共同生活的權益？	6,401,748	4,072,471	55.75%	通過
第 14 案：你是否同意，以民法婚姻章保障同性別二人建立婚姻？	3,382,286	6,949,697	55.37%	不通過

本次公民投票的結果，屬於民意參考，我國關於同性伴侶婚姻的制度，還是必須視立法機關審議結果而定。

圖4-5　同婚釋憲聲請人祁家威揮動彩虹旗向與會的支持者致意。

性別暴力：披荊斬棘而來的不一定是王子

東方文化裡有個被推崇的品行，那就是「鍥而不捨」、「鐵杵磨成繡花針」或「愚公移山」般的毅力，這樣的精神在處理事情上，或許是成功的美德，但在人際關係裡，卻常是讓人難以承受的負荷。

▌追求的關係

愛情裡有個典型戲碼──「追求的關係」，例如童話故事《睡美人》，王子揮刀斬斷城牆外的重重荊棘，喚醒脆弱無辜的睡美人，但王子其實從未見過睡美人，更別說與她相識、相戀，卻能為她破除萬難，這種萌芽愛情裡的追求關係，建構出浪漫愛的原型。

心理學家認為童話是人類深層「集體無意識」(collective unconscious)，透過童話可以分析心靈運作的模式與歷程，若從這個角度理解，披荊斬棘的克服萬難，或許就是我們無可避免或所期待的心靈運作模式。

從文化或童話故事來看，我們似乎就能理解被拒絕的感覺有多痛苦，不接受挑戰並鍥而不捨地克服萬難，又是多麼不英雄。

▌我們對於接受拒絕這門課，似乎不太擅長

男孩連打數通電話，女孩未接，但女孩留言表達不滿，男孩說：「對不起，我只是期待你接而已。」女孩問：「為什麼要期待？接了能幹嘛？」他說：「那我講不要罵我，因為想當

朋友。」女孩清楚表示：「喔，那我現在可以回答你：我不接受。」男孩則鍥而不捨地問：「明白，那如果路上遇到你，也不能講話嗎？」「明天找你可以嗎？」「你讓我當面道歉，我絕不會再煩你。」

以上對話來自於某大學男同學在捷運上看到學妹一見鍾情，自此開始長達五年追求，並在持續糾纏多年後，持刀砍殺學妹的新聞報導。

顯然的，該女孩的拒絕直接了當，毫無曖昧空間，但重點是為何男孩無法接受女孩的拒絕？究竟是什麼樣的意念在運作，讓這男孩長達五年依然無法接受拒絕？

日本作家加藤諦三曾在《為什麼我們愛得這麼累》書中提及：「羅洛‧梅說過，自發性的感情與沸騰的感情不同。」「只不過是為了解決自己內心的糾結，才和對方糾纏在一起，因此，產生了愛對方的錯覺。他們把可怕的自我執著當成了強烈的愛。」

家族治療師趙文滔對此認為，在關係裡沒有安全感的人，遭到拒絕時，容易解讀成自我價值被對方全然否定，因而啟動生存議題，採取強烈的攻擊作為保護生存的防禦行動。另外，這樣的孩子通常欠缺建立關係的經驗，不擅長社交，以致無法接收他人傳達的厭惡感或拒絕，偏偏內在又擁有強烈情感，於是只會使用自己主觀認知的方法追求，卻沒有意識到這只是把彼此的關係推到更糟的境地。

他同時提醒男孩通常把拒絕當作挑戰，加上華人文化裡鍥而不捨

圖4-6　鼓勵孩子多交朋友、建立關係，有助於情感教育的培養

的觀點，都容易強化類似悲劇，建議父母不要受到升學主義的影響，而應鼓勵孩子多交朋友，方有助於情感教育的培養。

▌性別暴力就是性別歧視

聯合國《消除對婦女一切形式歧視公約》（The Convention on the Elimination of all Forms of Discrimination Against Women，簡稱 CEDAW）委員會第 11 屆會議 (1992) 提出，基於性別的暴力，是嚴重阻礙女性與男性平等享受權利和自由的歧視形式。

▌基於性別的暴力？

依 CEDAW 公約第 1 條，指的是針對其為女性的身分，而施加暴力或不成比例地影響女性，包括身體、心理或性的傷害、痛苦、施加威脅、壓制和剝奪其他行動自由。

我國關於性別暴力的防治工作，在亞洲國家中堪稱積極，1997 年公布《性侵害犯罪防治法》、1998 年公布《家庭暴力防治法》，另性騷擾防治則散見於三套法律，分別為於 2002 年公布的《性別工作平等法》、2004 年公布的《性別平等教育法》及 2005 年公布的《性騷擾防治法》。

從下面圖 4–7 可以觀察性別暴力事件，女性依然是多數的被害者。

至於《反跟蹤騷擾法》的草案，現代婦女基金會多年不斷倡議，在 2017 司改國是會議再度被重視，且自本文截稿日止，因某大學情殺與本文所提的過度追求事件，讓跟蹤騷擾議題再度被提起，目前政府已積極研擬草案並有許多立法委員關注中。

▌刻板性別文化中的男性

但性別暴力事件，並非只有女性是被害者，男性雖在事件中多為加害者，但這仍是刻板性別文化下的受害者。

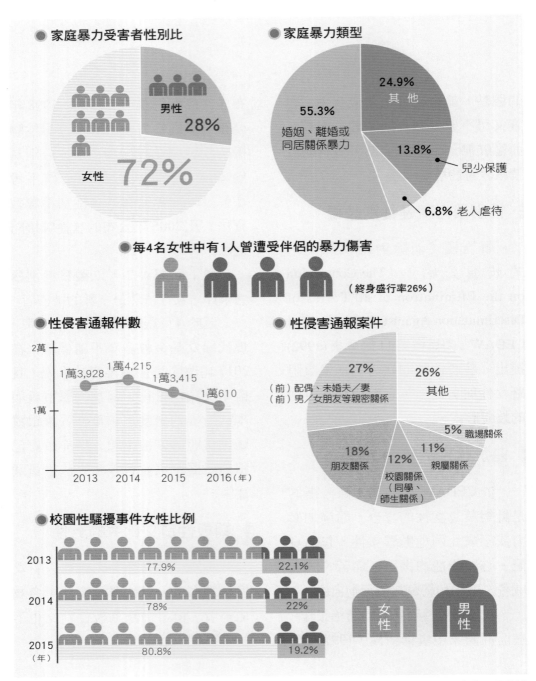

● 家庭暴力受害者性別比

男性 28%

女性 72%

● 家庭暴力類型

24.9% 其他

55.3% 婚姻、離婚或同居關係暴力

13.8% 兒少保護

6.8% 老人虐待

● 每4名女性中有1人曾遭受伴侶的暴力傷害

（終身盛行率26%）

● 性侵害通報件數

2萬

1萬3,928　1萬4,215　1萬3,415　1萬610

1萬

2013　2014　2015　2016（年）

● 性侵害通報案件

27% （前）配偶、未婚夫／妻（前）男／女朋友等親密關係

26% 其他

5% 職場關係

11% 親屬關係

12% 校園關係（同學、師生關係）

18% 朋友關係

● 校園性騷擾事件女性比例

2013　77.9%　22.1%

2014　78%　22%

2015（年）　80.8%　19.2%

女性　男性

圖 4-7　有關性別暴力的各項數據

美國專研男孩發展的心理學家金德倫 (Dan Kindlon)、湯普森 (Michael Thompson) 的著作《該隱的印記》(Raising Cain) 探索男孩世界的殘忍文化。

　　在該書中提及男孩深受殘酷文化影響，殘酷文化以一種系統性的方式教導男孩，強調的是權力、主導，及對於體貼的否定，把較柔性感受歸類為「女性化」，並以同樣的理由要男孩們消滅這些感情，藉由將柔性特質描繪成外來的、不受歡迎的女性特質，鼓勵他們將女性視為異類，並將兩性之間關係的最終目的定義為取得主導權，也就是「權力教育」。

　　該書針對 15 歲到 19 歲的美國男孩進行調查，研究他們對於所謂「男性意識」的認同，亦即「強壯、堅毅、勇敢及掌控女性」。這份研究透過下列四個特質去偵測男孩眼中的「男性意識」：①對於男人而言，受人尊重是很重要的；②如果談論自己的難題，男人將會失去他人的尊敬；③即使身材不高大，年輕男性必須具備過人的體力；④丈夫不做家務事。

　　調查結果發現，對於這四個特質認同度越高的男孩，越容易將這些意識當作自己的觀點，也越容易喝酒、抽菸、被退學、從事沒有保護措施的性行為，甚至引誘或強迫他人進行性行為。同時，這些特質讓男孩認為表達情感是不符合「男性」的行為，進而壓抑自己的情感表達，而整個社會、校園同儕甚至家庭教育卻都在教導男孩要壓抑感情，這其實是一件很殘酷的事。

　　從這些男孩文化，我們才了解原來男性為何經常遇到情緒困境時，總找不到出口，而用暴力的攻擊，掩飾自己的悲傷與脆弱。所以唯有讓更多人有意識地重視情感教育及性別平等教育，才能真正改善性別暴力的情形。

工作中的性別平等

圖 4-8　我和我的冠軍女兒電影劇照

　　一位年輕的印度新娘說：「……我們的命運從出生就注定學習做飯、洗衣，強迫做所有的家務，成年後，為減輕家庭的負擔，就被強迫嫁給一個陌生男子，然後就生孩子，這就是女人的命運……」

　　這是印度寶萊塢電影《我和我的冠軍女兒》(Dangal) 其中一幕。這部電影改編自印度職業摔跤選手「瑪哈維爾 (Mahavir Om Prakash)」與女兒的真實故事。摔跤金牌選手瑪哈維爾訓練自己兩個女兒，成為世界級摔跤選手的故事，片中藉由摔跤的議題，提出印度對女性充斥歧視的現象與抨擊。

　　片尾，瑪哈維亞對即將上場比賽的女兒說：「看到那些女孩了嗎？如果妳明天贏了，並非自己勝利，而是成千上萬個像她們一樣的女孩跟妳一起得勝，所有被認為不如男孩的女孩們、那些禁錮在家內被迫做家務的女孩們、那些被嫁出去生兒育女的女孩們，明天妳不僅跟澳洲選手比賽，還是跟這些歧視女性的人比賽。」由此可見導演希望藉由這部電影倡議印度性別平權的企圖心相當明白，而高達數十億、極為亮眼的高票房也回應了這部電影的觀點。

▌職場中的性別刻板印象

　　美國社會學家基梅爾在 TED 演講談到，他年輕時曾經被問到一個謎題，有個男人和他的兒子行駛於高速公路上，他們發生一場嚴重的車禍，爸爸當場死亡，兒子被送往醫院急診室，但當兒子被送往手術臺時，值班的急診室醫生說：「喔，

我無法治療他，他是我的兒子。」這怎麼可能呢？你們認為這是什麼原因呢？

性別印象隨時代變遷而改變

基梅爾在多年後做了一個小實驗，當他 16 歲的兒子和一群同齡朋友在家看電視時，他問了孩子們這個謎題，結果他們毫不猶豫地說：「這是他媽媽，對吧？」而他的兒子則回答：「喔，他可能有兩個爸爸吧！」

透過這個小實驗，他看見轉變，現代的年輕男性也在尋求家庭與事業的平衡，並且希望和伴侶兩人同時都擁有自己的事業，而且這個社會已經能接受醫生也可能是女性，甚至是自然而然、不假思索的認為醫生這個行業當然也有女性，這是在以前的社會不會出現的情況。

但我們或許在美國或許多先進國家，可以大致認為目前這個社會女性能擁有與男性相同外出工作的可能（但還有很多國家的女性工作權是受限的），然而即便女性有了更多工作機會，但並不代表兩性在職場上已經平等。

女性在職場中的處境

臉書 (facebook) 營運長桑德伯格 (Sheryl Sandberg) 2010 年在 TED 一場演講，提到她自己本身有 20 年的工作經歷，然後問了一個問題：「為什麼到了今天，位居高階領導位置的女性，還是如此稀少？」

圖 4-9　臉書營運長雪柔・桑德伯格 (Sheryl Sandberg)

她在那場演講提及：「我們很慶幸不是生活在母親或祖母生活的年代裡，那時的職業如此受限，我們生活在一個有基本公民權利的世界，而驚奇的是在世界某些地方還有些女性至今仍無法擁有基本公民權。」

然後她話鋒一轉：「但有一個很重要的問題，就是女性並沒有在各專業領域成為巔峰者。」她舉了一個數據，190 個國家元首中有 9 位是女性元首，女性在全球議會占 13%、而企業高層、董事席次所占的比例至多 15、16%，這個數字從 2002 年以來並沒有太大變化。

女性系統性低估自己的能力

其中她提出一個很發人深省的觀點：女性系統性地低估自己的能力。男人會把成功歸因於自己，而女性會把成功歸於其他外部因素，如果你問男人為何把工作做得這麼好？他們會回答你：「我棒極了」，

但問女性相同的問題，女性會回答：「因為某人幫助我，我很幸運。」因此她鼓勵女性擁有自己的成功、爭取機會勇於展現自己，並為自己爭取發言權。同時她也引用美國一份報告，提出已婚並生有子女的男性留在職場上的約三分之二，而已婚並生有子女的女性依然停留在職場上的僅有三分之一，她發現女性在自我實現和職場成就上有選擇上的艱難。

全世界性別文化都有的特點

這場演講在全球獲得相當大的迴響，之後她寫了《挺身而進》(Lean In) 這本書，鼓勵女性勇敢追求成功，影響了很多人。2014 年，她再度回到 TEDWomen 分享被《挺身而進》影響的真實故事。

演講中她提到，性別刻板印象是全球性的問題。她在很多國家包括美國、中國、韓國、日本、歐洲等國演講，發現文化都不一樣，但

有一項例外，就是性別。不論哪種文化，都會認為男性應該是強壯、決斷、積極、且有發言權的，她這個觀點和前述美國關於青少年對於「男性意識」的研究是相同的結論。

對兩性的標準不一所導致的職場文化

桑德伯格提到不同於男性，女性則是要經過允許才能發言。而且當女性位居領袖時，會容易被形容

圖 4-10　男性與女性在職場面對的情況可能大不同

為跋扈 (bossy)，她在訪談中臨場詢問現場的男性觀眾是否曾經被質疑過於積極，在場舉手者約 5%，但她以相同問題詢問女性時，女性觀眾舉手者顯然比男性多，這並非女性真的就比男性積極，而是大家對女性的標準不一，這就是世界各地狀況，而且她認為男女薪資比例至今仍有差距。

藉由臉書營運長桑德伯格的演講，可以很清楚知道性別工作平等還有一段路要走，我們應試著改變對於性別平等的觀點，若以相同的標準與觀點看待「男性家庭服務與事業是同等價值」，也應認同「女性事業的成就，如同家庭服務是同等的評價」。

我國的性別工作平等

2016 年蔡英文當選總統，在臺灣歷史上第一位女總統。這個歷史紀錄是臺灣社會趨勢所致，更是許多婦女運動先驅者努力的成效，我

們才能如此自然地接受女性擔任領導者的結果，至少臺灣在 2016 年用選票證明了這件事。

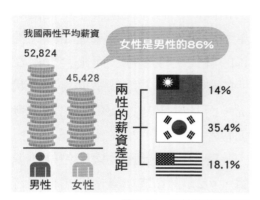

圖 4-11　兩性的薪資差距

但我國元首是女性就當然認為性別工作平等嗎？不妨用數據說話。

國家實驗研究院政策中心於 2015 年 7 月發表的「政策研究指標資料庫」成果，指出比較過去十年各國女性就業率，發現瑞典、美國、德國、新加坡等國女性就業率都有五成五左右或更高；但臺灣、韓國、日本女性就業率都從未超過五成，推測是受東亞「男主外女主內」觀念影響。

圖 4-12　民意代表、主管及經理人員女性之比率

圖 4-13　專技人員女性之比率

從以上數據觀察，我國顯然相較於其他亞洲國家更重視性別平等的發展，或許這與我國積極的婦女運動有關，婦女團體相關人士將性別主流化引入政策，中央與地方政府均設有性別平等委員會，並進行性別政策監督，《性別工作平等法》的立法及將 CEDAW 公約國內法化，且透過勞檢落實性別工作平等政策等，這都是促進臺灣性別工作平等的重要因素。

不過因為刻板性別文化的影響，女性參與的職業仍多為照顧者、服務業類型的工作，而女性的勞動參與、升遷等至今仍深受家庭影響，但這不只是東方社會的問題而已，從美國社會學家基梅爾提出伴侶共同擁有自己的事業及家庭平衡的議題，及臉書營運長桑德伯格在演講中所提女性在家庭與事業選擇的艱難，不難看出這是全球性問題。

最根本的問題，都在於性別平等教育

家庭、婚姻裡的人權問題、性別暴力問題、工作性別平等，都可以被正確的認知與觀念導正，因此最根本的問題還是在於性別平等教育，許多團體與學校都致力於這塊知識的傳遞，希望能落實真正的性別平等，保障性別人權。

我 思 ╳ 我 想

1 ▶ 你覺得法律關於婚姻性別平權的規定有哪些？

2 ▶ 如果在校園遇到性騷擾事件，怎麼處理？

3 ▶ 為維護性別工作平等，哪些法律規定提供友善的性別工作環境？

5

種族人權
膚色決定命運？

文／藍佩嘉

我上課的時候會問學生以下問題：「請問歐巴馬 (Barack Obama) 的種族是？(1) 黑人／非裔美人，(2) 白人，(3) 印尼人。」大多數的同學露出「老師，這問題太簡單了吧」的表情，回答當然是 (1)，少數反骨同學懷著「其中必有詐」的揣測說是 (2)。曾經有一位很兩光的同學說是 (3)，誤以為歐巴馬在印尼出生。偶爾，有人舉手問：「可以有一個混血 (mixed) 的選項嗎？」

沒錯，歐巴馬是黑白混血，爸爸來自肯亞，媽媽是美國白人。那麼，為什麼人們，包括媒體，都理所當然地將他分類為黑人？這個謎題揭露了：種族不是客觀、本質性的生物分類，而是歷史建構的、簡化的社會分類。

歐巴馬被「種族化」了

讓我來解釋一下，為什麼歐巴馬被「社會建構」為黑人：首先，因為我們習於從父親來界定子女的族群身

圖 5–1　美國前總統歐巴馬

分，反映出父系優先的親族秩序以及家庭內的性別權力。那麼，如果歐巴馬的父母倒過來，變成白人爸爸、黑人媽媽的組合，他是不是就會被界定為白人呢？我想也不會，原因在於黑白的種族分類不是平行的類別，而是階層的高低。美國在黑奴時代曾用「一滴血政策」(one-drop rule) 來界定人們的種族，只要你的基因庫裡

有非白人的血統，你就不能被認定為白人。由於當時有許多白人領主與黑人女傭生下的孩子，他們不會依父系原則被認定為白人，而是按照一滴血政策被歸類為有色人種。越強勢的族群，越有權力來畫定與捍衛界線，以保障特權與資源的占有。

圖 5-2　美國黑奴時代，公共設施都有區分是給黑人還是白人使用的

種族並非二分法

其實，膚色等外形差異更接近連續分布的光譜（比方說，黑中帶白、白中帶黑），然而，「社會建構」的種族分類是互斥、甚至二分的類別（非黑即白），其間的界線不容踰越或混淆。來自牙買加的文化理論大師霍爾 (Stuart Hall) 曾經說過：「我在英國變成了黑人」。他的母國有著複雜的殖民與移民的歷史，當地人們會依據膚色的樣態、血統的混雜分成十多種細緻的分類，到了英國留學後，人們卻只喊他「You, Negro（你，黑佬）！」

黃種人的印象

「黃種人」這個我們常聽到的種族範疇，其實是西方偏見下衍生的分類。根據奇邁可 (Michael Keevak) 的研究，當西方傳教士於 15 世紀末前往日本時，他們把日本人描述為「白色的人」，並不是因為膚色白，而是他們認為日本人有能力透過信基督教而變得真正「文明」。然而，隨著 1614 年基督教在日本遭禁，西方人眼中的日本人不復白皙。到了 19 世紀後，西方體質人類學、顱相學等新科學逐步建立了種族分類的光譜，相

對於優越、文明的「白人」,「黃色」被視為「死氣沉沉」、「病懨懨」,「黃種人」被認為專橫、遲鈍,因而永遠陷於「異教迷信」之中。

▌「種族」代表的意義?

「種族」(race) 作為一個名詞,很容易產生一種「社會誤認」的效果,讓人們以為種族分類是一種奠基在生物差異上的客觀存在。如果種族被視為「自然」的事實,似乎就不可改變,也強化人們對越界通婚或混種後代的恐懼。然而,如同歐巴馬與「黃種人」的例子告訴我們,種族區分其實是一個社會建構的歷史過程。當今的社會學界轉而使用「種族化」(racialization) 的概念,由動名詞來強調種族化的過程:藉由標記 (mark) 出某一族群在生物或文化上的與眾不同,這樣的族群差異被本質化、自然化,不僅忽略了該群體內部的異質性,也放大了該群體與其他群體之間的界線鴻溝。

種族主義是什麼?

我們常聽到的另外一個相關概念是「種族主義」(racism):伴隨著「種族化」的過程,弱勢的群體,不僅被看成共享自然本質的集體,也被再現為必然劣等,相對於優勢群體有著不可消弭、無法共存的差異。

這個概念要強調的是,種族歧視不單純是個人的偏見(只是壞心眼的少數人),而是建制化、系統性的社會關係(多數人有意識或無心地參與其中)。這樣的結構體制,透過文化與知識的生產、國家政策與社會制度的訂定,持續再製、強化種族的階層分類,影響到不同人群在機會與資源上的不平等分配。同樣重要的是,種族主義也滲透在日常生活中,時時刻刻影響我們如何認知他人以及進行人際互動。

▌種族貌相與歧視

我們在日常互動中,往往對「他

群」（與我們不同的人）抱持種族化的刻板印象。「種族特徵描述」(racial profiling) 這個概念指的便是人們會用簡化資訊來認定某個種族的特徵，執法者便依此對此群體提高警覺或加強調查。統計發現，美國的黑人男性被警察無故攔下的機率遠高於其他族裔；在反恐的氛圍中，中東或穆斯林人士在通過機場海關時容易受到盤查或搜身。即便是透過教育與社會流動攀爬上地位階梯的黑人男性，仍無法避免「種族貌相」導致的歧視待遇。例如，2009 年 7 月，哈佛一名教授蓋茨 (Henry Louis Gates) 要進入自家公寓時，因為鄰居報警「有黑人男性闖入」，竟然遭到逮捕。

圖 5-3　美國近年警察槍殺黑人事件頻傳，引起「黑人的命也是命」(Black Lives Matter) 的抗議運動

▌刻板印象威脅

　　黏貼在種族身分上的刻板印象，雖然未必出於惡意，對於當事人的生活處境可能產生深切且長遠的影響。社會心理學者提出「刻板印象威脅」(stereotype threat) 的概念來描述這樣的效應。身為少數族裔，經常感受到主流社會烙印在身上的負面形象（如「黑人學生不認真讀書」、「亞洲人缺乏體育細胞」），有如綁在頭上的氣球、如影隨形。評價者在無形中受到刻板印象的影響，如班上的黑人學生有不守規矩或不專心的現象，容易被老師放大觀察，教練傾向不信任亞洲球員的表現等。少數族裔者必須時時對抗這些情境中的威脅感，增加其心理負擔、導致行為表現不佳，反而印證了這些負面的刻板印象。

臺灣有種族主義嗎？

　　行文至此，似乎都是發生在外國的例子，你或許在想：臺灣有種族主義嗎？讓我說一個故事給你聽。

▌阿里山部落的孩子

　　湯英伸是在阿里山部落長大的鄒族孩子。他曾經就讀嘉義師專，但無法適應學校的軍訓文化而休學。1986年，時年18歲的他到臺北一家洗衣店打工，九天後竟殺害了僱主一家三口。根據周遭同學所述，湯英伸是個純良的山地青年，為什麼他才到都市短短幾天，就變成殺人兇手？後來查明，因為他受到仲介業者的欺騙與敲詐，雇主強制他每天工作17小時以上，不時羞辱其為「蕃仔」。湯英伸想要辭職，卻被雇主扣留身分證不還，不僅沒領到工資，還要被扣留押金。湯英伸一時情緒失控犯下罪行，雖然社會各界呼籲槍下留人，湯英伸終究成為臺灣最年輕的死刑犯。

圖 5-4　當時有許多社會人士呼籲槍下留人

原住民族給你什麼印象？

在我成長的 1980 年代，原住民仍是一個族群的污名。上電視參加歌唱比賽的高金素梅只說自己是姓金的外省子弟，掩飾淡化了母親的泰雅族背景。原住民族的資源分配與社會地位至今已有一定程度的改善，尤其在特定的場域，如歌唱與運動，原住民族的表現更甚漢人，然而這也成為新的種族刻板印象。

在「新臺灣人」國族認同打造的過程中，原住民族被納入「四大族群」的論述中，甚至在象徵的層次上取得代表性位置，比方說，出國參訪的臺灣團，多透過原住民族服飾與文化來突顯臺灣與中國的差異。然而，原住民族的核心地位僅僅停留在象徵的層次，甚至流於膚淺展演、錯誤妝飾 ❶。在日常生活中，原住民族仍然掙扎面對社會空間與文化權力的邊緣化，並時時對抗隱形的種族歧視。原住民族舞者布拉瑞揚在租房子時，房東在電話裡問他：「你是原住民嗎？」，布拉瑞揚歡喜地回答是，對方隨即說「我不租給原住民！」便掛掉電話。

註 ❶ 2013 年 8 月，臺灣原住民族政策協會
解　批評外交部國際青年大使交流計畫的
　　出訪團隊，標榜原住民族服飾，但配
　　色或形式都不對，將原住民族文化當
　　作展演消費、錯誤呈現。

圖 5-5　原住民族文化不應只是消費的對象

▌不只原住民族有這樣的處境

　　我在進行外勞研究時重讀湯英伸的故事,驚訝地發現他的遭遇與外勞有許多類似之處:被仲介剝削、被雇主控制、被視為野蠻人、扣留護照與押金、不自由的勞工。隨著原住民族被納入「新臺灣人」的內涵之中,「外勞」與「外籍配偶」成為「新的種族他者」,淪為社會歧視與經濟剝削的主要對象。

低劣的種族他者

　　隨著國際遷移的頻繁與擴大，外國人——政治文化社群的外來者(outsider)經常成為種族化的主要目標。然而，並非所有移民都面臨同樣程度或形態的種族化。比方說，主張管制移民的法國右派人士，指的移民通常是膚色深的阿爾及利亞人，而非實際上人數較多的葡萄牙人。這樣的現象呈現出：某些群體被認為具有歷史或文化上的親近性，可以變成「我們」的一部分，而其他群體被標舉出有根本差異，是不可同化的永遠「他者」。

▌對於外勞的種族歧視

　　種族同質性相對高的臺灣社會，在 1990 年代初開放東南亞外勞之際，曾引起相當的焦慮與恐慌。當時的勞委會主委趙守博有以下發言：「開放外籍勞工進口，很可能變成變相移民，我們到底能不能容納外來移民？能不能和外來勞工一起生活呢？我想，如果我們調查願不願意在臺灣有泰國村、菲律賓村、馬來村，讓這些外國人跟我們分享我們這裡的就業機會和所有的一切，恐怕沒有多少人會同意。」

　　趙主委對接納外勞的保留態度，建立在幾項未明說的假設上：其一、東南亞外勞來自落後國家，必然會想要移民享受臺灣的先進生活；其二、移民不是勞力與資源的提供者，而是機會與福利的掠奪者；其三、他們沒有辦法被成功整合與同化，將會以隔離的方式居住與生活，衍生種種社會問題。

　　臺灣的社會新聞以及臺灣民眾的觀感，特別是引進外勞的初期幾年，充斥了種族歧視的刻板印象。一方面，把外勞母國的經濟弱勢，歸咎於基因、氣候等「不可逆轉」的因素，如有臺灣雇主把菲傭的偷竊解釋為因為菲律賓人是「海盜的後裔」，或認為這些國家的低度發

展，實源於熱帶地區的人太過懶惰。另一方面，這些國家的經濟弱勢，又被認為是導致其人民在品格與習性上「難以避免」的缺陷，例如，女性移工被污名化為進行「假打工、真賣淫」，會為了逃脫貧窮而出賣肉體。地方新聞也屢屢報導荔枝被偷採、雞禽豬隻遭竊的事件，在沒有證據的情況下，遭竊的農民往往指控或暗示外勞為嫌疑犯，認為這麼便宜的東西只有外勞才會偷。

圖 5-6　臺灣移工聯盟在行政院舉行記者會，指越南逃跑外勞在警方追捕過程中，遭警察連開九槍導致失血過多死亡，要求警政署公布追捕過程的完整影像紀錄，釐清案情

▌「種族化」的運作邏輯

　　2013 年 5 月發生的菲律賓警衛隊槍擊臺灣廣大興漁民事件，不僅引起臺灣與菲律賓兩國政府之間的對立與緊張，愛國主義的情緒發酵更挑起了臺灣社會種族歧視的神經。菲律賓移工與移民在「捍衛國族尊嚴」的氣氛中遭受魚池之殃，各地傳來一些零星但駭人的歧視事件，如彰化有市場店家發起拒賣菲律賓人運動，張貼「我家的豬肉不給『非人』吃，請不要槍殺我」標語，也有因打工或婚姻來臺的菲律賓人在街上被毆打或遭辱罵。

圖 5-7　原本彈痕累累的廣大興號漁船日前已被修復，繼續出海作業

　　在這些事件中，我們看到「種族化」的運作邏輯：其一，菲律賓人被概括視為一個同質的群體，把

開槍的警衛與買菜的菲傭混為一談；其二，菲律賓人的民族性被本質化為「野蠻的海盜後代」，所以，「非人」的對待之道可以被合理化；最後，基於「低劣的種族他者」的預設，臺灣政府與民間因而對菲律賓政府的道歉感到「誠意不足」或「姿態過高」，也反映出臺灣在世界體系中不高不低，又身為非常態國家的集體焦慮。

優越的種族他者

回到趙守博的發言，如果將其文字更改為：「如果我們調查願不願意在臺灣有荷蘭村、日本村、美國村」，我想，恐怕有許多人會熱情地擁抱這些具有異國風情的村落。臺灣的恐外論述指向東南亞社群，但臺灣人鮮少對來自日本、歐洲、北美的移民產生類似的焦慮。臺灣媒體多將淡膚色的白領移工稱為「外籍人士」，「外勞」的說法僅指涉東南亞藍領移工，彷彿只有前者才

具有完整而立體的人格，而後者卻被化約為單向度的勞動力。

▎正向的種族主義

我曾經訪談了近二十位居住在臺灣的西方移民，有關他們在臺灣工作與生活的經驗。多數人都感受到臺灣人的熱情好客，但也意識到自己身為外國人無時無地都受到異樣眼光。不同於在臺的東南亞外勞，白人的他者身分往往可轉換為禮遇與特權，可稱之為「正向的種族主義」(positive racism)。例如，在郵局或銀行可以得到優先服務、逛街時店員主動奉上 VIP 卡等 ❷。訪談中

註 ❷西方移民在臺灣也可能遭遇若干面向
解　的歧視，其一，由於官方對於幼稚園外師的僱用限制，許多英文外師被迫用非法證件工作，可能發生被雇主箝制或剝削的情況。其二，以英語為母語的外國人可以在臺灣找到許多相關的工作機會，但他們也抱怨被窄化為「英語人」，難以擴展與英文無關的專業生涯。

最常被提到的就是摩托車與警察的故事，尤其是教英文的老外，由於沒有臺灣的駕照，經常發生類似以下 Frank 的遭遇（現居桃園、與臺灣人結婚）：「有一次我們被警察攔下來，我老婆就說，這駕照是紐約的，紐約的駕照是國際駕照，全世界都通用。現場有兩個警察，一個說：『ㄟ我沒聽過。』另一個回說：『吼，你沒聽過喔？』有時候，我被攔下來我老婆不在，因為我不會說中文，警察就得跟我說英文，他們很挫折，只好比手勢說："Go, Go, Go!" 因為他們沒辦法跟你溝通，他們覺得很尷尬。」

　　試想像如果臺灣警察攔下的是一名騎摩托車的泰勞，他是否會對自己不

圖 5-8　母語為英語的外國人在臺灣容易從事教學工作，但其職涯也被窄化為「英語人」

會說泰文感到汗顏？或者相信曼谷的駕照是全世界通用？以下 Patrick 的例子更鮮明地突顯了「優越他者」的地位，他也是娶了臺灣老婆的美國人，目前與太太共同致力於環保教育的工作。當學校等機關邀請他們演講時，往往偏好邀請中文不很流利的 Patrick；當他們向政府或基金會提案時，朋友也建議由 Patrick 來說明，可能增加他們得到資助的機會。Patrick 堅持用中文接受訪問，皺著眉頭地反省著自己在臺灣的位置：「有時候人比較會聽我的意見，只是因為我是白色皮膚，這又讓我喜歡又讓我討厭……有些教授請我去跟他們的學生講課，這個在美國不可能的，這個在美國我可能沒辦法，因為我沒辦法跟

圖 5-9　白色人種在臺灣很顯眼，也很容易得到正向的關注

其他人競爭，我的口才很差，我的解釋很差，不過在臺灣，我突然變得……」

　　坐在一旁的臺灣太太有點無奈地補充說：「他們會指定外國老師，就是看外國人還是比較愛地球，或是外國人都是比較環保啊，比較愛和平。」在這裡，我們再度看到「種族化」類似但不同的運作：西方人或白人被概括視為一個同質的群體，基於其母國經濟的先進發展，被冠上了文化光環，連結到現代性的價值與生活方式，如環境主義，即便 Patrick 的母國在許多環保議題上其實有相當負面的紀錄。處於半邊陲的臺灣人，在抬頭仰望白皮膚的「優越他者」的同時，複製了殖民之眼的凝視，低頭蔑視膚色更深的「低劣他者」。

改變結構從行動開始

　　以上簡要地介紹了社會學中有關種族主義的相關概念，並且分析了臺灣社會的種族主義，如何呈現一個我稱為「階層化的他者化」的社會體制。你也許在想，這樣的社會學的分析，可以告訴我們如何改變社會嗎？尤其是，當你說種族主義是如此龐大的結構體制，渺小的個人如何可能撼動？

▎每個人都可以從行動改變種族主義的結構

　　結構性的問題確實沒有急就章的解決之道，但不要忘記社會學理論所提醒我們的：如果結構是一面高牆，其中的一塊塊磚頭是透過個人的日常行動所持續打造而成，換言之，我們的行動並非外在於結構，或單純受結構所制約，我們的行動參與了結構的再製，因而也蘊含改變結構的可能。我們在日常生活中

可以更反思地避免種族化刻板印象的再製，比方說，你在街上看到菲律賓人，不要馬上假定她是來臺灣做幫傭；你在小吃店遇到越南人，不要劈頭就問她什麼時候嫁來臺灣；你在火車站碰到外勞節慶擠滿了人，眉頭緊縮抱怨不方便時，設身處地想一想，他們不只是勞動力，也和你一樣，有對放假、休閒、社交的需求；你在海港邊碰到印尼船工，身體下意識地保持距離時，檢視你腦中浮現的形象是什麼？想一想，他們也是別人的兄弟、父親、愛人。

▌透過法律與教育來反制種族歧視與仇恨言論

當然，更重要的是結構層次的各項積極作為，舉例來說，我們的教育與文化政策對「國際化」、「多元文化」的追求，需要更多元的關注，而不是單純擁抱英語世界或歐美日先進國；除了空洞的法律宣示與官方說法，我們需要更有效地透過法律途徑以及社會教育來反對與制裁種族歧視與仇恨言論。

我二十年前學德文的時候，在德國文化中心統一編定給全球學習者的課本裡讀到這樣的一課：一個南斯拉夫人，在德國打電話詢問租房子，一個房東問他，你是德國人嗎？當他回答不是，對方馬上掛電話。德國有著種族仇恨的不光采過去，但他們面對的方式，不是粉飾太平，而是防止與教育。面對不同樣態的種族主義，我們需要誠實自省、積極改變，而不是用擔心「破壞臺灣形象」之名，拒絕照見我們的黑暗之心。

圖 5-10　化解種族歧視與仇恨的言論是我們永遠的目標

我 思 ✕ 我 想

1 ▶ 奇邁可在《成為黃種人——一部東亞人由白變黃的歷史》一書中，透過史料強調「黃種人」其實是一個「評價性用詞」，而非「描述性用詞」，這句話是什麼意思？

2 ▶ 請收集你在報紙上看到有關「外勞」與「外籍人士」的相關報導，比較媒體在稱呼、呈現這兩群外國人的方式有何不同？

3 ▶ 如何透過法律與政策來消弭種族歧視？臺灣是否有反歧視法？

6

老人人權
高齡社會全面來襲，老人有話要說

文／楊培珊

你有想過你家、或你同學家的阿公、阿嬤生活過得好嗎？你有想過怎樣的生活算是「過得好」呢？兒童、青少年、年輕的成年人、中年人、老年人，在人生的路途上，每個不同階段的生活對於「過得好」的定義有哪些部分是一樣的？又有哪些部分是不一樣的？

臺灣人口快速高齡化

人口老化指數為衡量一個國家／地區人口老化程度之指標，即每 100

個 65 歲以上人口對 14 歲以下人口之比，指數越高，代表高老齡化情況越嚴重。由圖 6–1 可知，我國人口老化情形十分明顯。

臺灣社會高齡化的現象近年引起熱烈的關注，依據聯合國的定義，當一個國家的老年人口占全國人口的比例超過 7% 時就成為「高齡化社會 (aging society)」，超過 14% 時就成為「高齡社會 (aged society)」，超過 20% 時就成為「超高齡社會」(super aged society)。對應臺灣人口發展歷

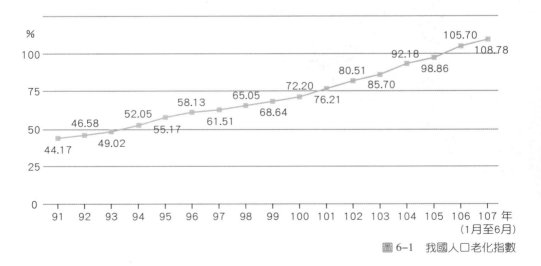

圖 6–1　我國人口老化指數

史，我國於 1993 年底進入「高齡化社會」，2018 年 3 月已進入「高齡社會」，人口高齡化速度之快，在全世界數一數二。更值得注意的是，臺灣許多鄉村地區老年人口比例已經達到「超高齡社會」，例如：新北市平溪的老年人口占 28.62%，平均每 4 個平溪人中就有超過 1 名是老人，不知道去平溪放天燈的時候，你有沒有注意到呢？在高齡社會甚至超高齡社會中，要讓每位老年國民都能「過得好」，是相當大的挑戰，因為每個老人的家庭狀況、經濟能力、健康或疾病、居住在都會或鄉村等條件不同，因此整體生活狀況和生活需求也不同，要達到「人人過得好」的確不容易。

由世界人權宣言到老人福利法

讓我們來看看老人人權的定義、發展與基本核心概念，便可一窺國際社會如何努力定義出一套普世適用的

「過得好的老年生活」標準。

▍世界人權宣言

圖 6-2　12 月 10 日是世界人權宣言日

聯合國大會於 1948 年 12 月 10 日通過並宣布《世界人權宣言》 (*The Universal Declaration of Human Rights*)，前文開宗明義揭櫫人權是世界自由、正義與和平的基礎。回顧人類歷史，每當人權受到忽視、或是迫害時，都會有人挺身而出，來對抗壓迫及捍衛正義，以保護生而為人的尊嚴、平等和權利。《世界人權宣言》

是一個世界各國聯合的誓願，表達各國促進人權和基本自由的決心；同時也是一個普世共同的標準，讓各國在實踐人權的過程中，能有所遵行。

《世界人權宣言》內容總共 30 條，第 1 條明示宣言的主體思想，即「人人生而自由，在尊嚴和權利上一律平等」。這裡所謂的「人人」，代表所有人都有資格享受人權，不因種族、膚色、性別、宗教、政治、文化背景等不同的身分而有差別，當然也不因年齡而有差別對待。但在現實世界中，由於權力與資源掌握在少數人手中，因此各式各樣對人權的迫害仍層出不窮。以年齡而言，兒童、青少年以及老人，特別是 85 歲以上的所謂「老老人」，往往因沒有職業、社會身分或社會角色而無法獲得替自己發言的機會，成為人權議題中的弱勢群體，因此需要特別予以保護。

老人福利法

為保障老人人權，我國於 1980 年通過《老人福利法》，宗旨為「宏揚敬老美德，安定老人生活，維護老人健康，增進老人福利」，當時規定年滿 70 歲者為老人。隨著社會民主化的發展，臺灣的老人福利與人權均越加發展，需要制定更明確的法規來對應具體的社會問題。歷經社會各界努力，終於 1997 年，首次修正《老人福利法》，參考社會需求與世界潮流，將老人年齡降為 65 歲，立法目的為「維護老人尊嚴與健康，延緩老人失能，安定老人生活，保障老人權益，增進老人福利」，該條文之文字明顯可見，《老人福利法》體現了《世界人權宣言》的精神，不只要提供各項經濟、健康及生活照顧的福利與服務，更要注重維護老人尊嚴，保障老人權益。而權益保障最重要的就是人人平等，能享有基本的生存與生活，以及生而為人的尊嚴。

現行《老人福利法》除了闡明老人福利的基本原則之外，亦明定各老人相關目的事業主管單位及業務內容。

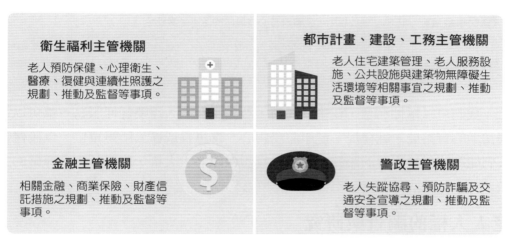

衛生福利主管機關

老人預防保健、心理衛生、醫療、復健與連續性照護之規劃、推動及監督等事項。

都市計畫、建設、工務主管機關

老人住宅建築管理、老人服務設施、公共設施與建築物無障礙生活環境等相關事宜之規劃、推動及監督等事項。

金融主管機關

相關金融、商業保險、財產信託措施之規劃、推動及監督等事項。

警政主管機關

老人失蹤協尋、預防詐騙及交通安全宣導之規劃、推動及監督等事項。

圖 6-3　老人福利法的基本原則

有關服務措施，《老人福利法》載明：「老人照顧服務應依全人照顧、在地老化、健康促進、延緩失能、社會參與及多元連續服務原則規劃辦理。」目前政府積極推動的社區關懷據點、老人日間照顧中心、居家服務等，都屬於在地老化的指標性服務項目。有關保護措施，當老人遭遇疏忽、虐待、遺棄等情事，致有生命、身體、健康或自由之危難時，政府接獲通報後會立即介入處理，並提供適當的健康、照顧、或法律服務。最重要的是，1997 年修正後的《老人福利法》，針對老人福利服務機構未依法執行業務，以及老人的法定扶養人未善盡義務者，都訂定相關罰則，以儆效尤。

表 6-1　老人福利法、國民年金法、社會救助法的比較

《老人福利法》	明訂老人經濟安全、服務措施、保護措施及罰則
《國民年金法》	保障國民於年老、生育及身心障礙時的基本經濟安全
《社會救助法》	針對有實際經濟困難的低收入戶或中低收入戶老人、因失能或失智而需要監護或輔助以保障其生命財產安全的老人以及家戶收入不佳但需要長期照顧服務的失能或失智老人，政府經過一定的審查程序之後將提供必要的生活與照顧協助

我們可以幫忙注意，在生活周遭，若發現有老人需要任何服務，都可以通報當地的警察局、社會局、健康服務中心、鄰里長或區公所等單位，以確保老人們能即時獲得需要的服務，這就是具體保障老人人權，維護其生命尊嚴的方法。

老人人權的調查與研究

有了法規之後，實際上臺灣的老人人權受到保障的程度如何呢？中國人權協會 2002 年曾針對老人人權進行「老人人權調查」，透過問卷調查瞭解專家的看法以及老人自己表達真正的心聲，來探討老人的人權是否得到其應得的保障，並藉此為老人人權發展提出建議。這項調查研究的資料不僅是一些數字統計，更能夠直接地藉由數據來觀察、分析出社會上平均的意見狀態以及趨勢所在。

「老人人權調查」的內容分成五大項：老人的「基本人權」、「參與」、「照護」、「自我實現」、「尊嚴」。

▌基本人權

是指老人在生活食衣住行育樂及經濟方面得到保障與否。

▍參　與

是指老年人在社會群體中的參與感及被保障程度，不被漠視、排斥或嫌棄，而是覺得自己有用處，包括社會參與、政治參與、世代參與（與不同年齡層的人）等層面。

▍照　護

這是近年來備受關注的議題，題目也是五項中最多的，包括能獲得家庭及社區提供的照顧、需要時能獲得安全、品質好及價格合理的服務、能獲得法律保護人身安全、自主及尊嚴等。

▍自我實現

是指老人能有發揮潛力的機會、想工作的老人能找到有收入的工作、工作者能自己決定退休的時間及方式、能獲得教育和訓練的機會等。

▍尊　嚴

是指能免於被利用及虐待、能被公平對待不受歧視等。

問卷結果發現一個有趣的狀況，就是專家組問卷的各項評分都比社區老人組的評分低，換句話說，社區老人平均而言對老人人權的表現滿意，但專家組的平均分數則略低於及格。

且兩組對各項老人人權有不同角度的看法，當專家著重於「照護」項目時，老人們對食衣住行的基本人權感到已經滿足，但對於「參與」及「自我實現」方面的人權保障則不滿意，顯示當政府把施政的焦點放在失能與失智老人的照護時，有更多健康、有能力的老人希望能繼續學習、積極參與社會事務，並能對家庭、國家和社會做出具體的貢獻，同時也發揮自我的潛能。

問卷研究結果證明，「自我實現」與「參與」是人類普遍性的需求，也是重要的人權指標，不應受到年齡

與健康狀況影響而被忽視或剝奪。

▌排名最後的「行的權利」

當社會上老人人口越來越多時，許多基礎建設也應該重新設計。「行的權利」在基本人權部分是排名最後的，我們可以藉此省思，是否可以在公共設施或是相關法條規範上特別著重並改善，來幫助提升老人得到「行的權利」的保障，讓老人在出入行動和交通往來時能安全又便利。

▌休閒娛樂設施的權利

另外，老人享受休閒娛樂設施的權利這一項，分數有三年持續下降的狀況，觀察社會現況，有可能是因為銀髮族人口迅速增加，且年輕銀髮族的健康狀況還很良好，所以休閒娛樂設施需求增加，但適合老人的休閒娛樂設施或服務卻沒有增加，因此無法滿足老人的需求。

圖 6-4　現今許多大眾交通工具都有針對行動不便的人士制定相關機制

老人人權的倡導

人權的主體是人，老人人權的主體就是老人。而且老人族群整體而言有能力、也有足夠的經驗與智慧來決定跟自己福利有關的政策和實務工作的推動。因此無論是健康或失能失智的老人及其照顧者，都有權主張他們自己的人權，可以獲得更好的保障。

過去幾十年，臺灣出現不少的老人權利倡導組織，其中最為人熟知的是老人福利推動聯盟（簡稱老盟），老盟成立於 1994 年，多年來

持續不斷為老人人權努力，讓臺灣老人逐漸勇於自主表達意見及參與政策決策，期待臺灣在老人人權領域中一步一腳印地前進。然而，直到今天，臺灣老人人權的現況仍呈現出明顯的不平等，尤其近年來隨著 M 型社會趨勢，社會階層、區域、性別等所造成的不平等不但未能消除，甚至更加嚴重，如何平衡差異，或研發本土性老人人權保障措施與做法，是將來推動老人人權的重點任務。

推動老人人權的挑戰

聯合國於 2010 年大會提出老人人權報告，內容指出高齡者人權正面臨四項重大挑戰：

▍歧 視

社會上對老人的年齡歧視是極為普遍，但卻又隱而不見的。例 1，認為老人是沒用的、是負擔的。其實有很多高齡者在家庭內、在科技業、在農業、在商業、在服務業等，持續工作而且非常有生產力。例 2，認為老人都是很難溝通的、固執的，其實許多人不只長年齡也一直在長智慧，擁有越來越豁達的人生。例 3，認為老人是體弱多病的、消耗醫療和社會資源的，其實臺灣有超過八成五的 65 歲以上者身體健康狀況是良好的，且可以獨立生活不需要他人照顧。

▍貧 窮

老年是人生的高風險時期，由於我國《勞動基準法》訂有「強制退休年齡」（目前規定是 65 歲），所以許多中高齡者因年紀因素而無法找到工作、沒有足夠的退休金或老年津貼、突然生重病或多年慢性病造成日常生活無法自理需人照顧、甚至需入住長期照顧機構，種種原因都可能讓老年與貧窮劃上等號。所謂「貧病交加」，字義上就說明了貧窮與疾病常一起發生，但兩者

的關係是複雜的。例1，街友李先生因貧窮造成營養不良及生活環境惡劣而生病，在一次寒流來襲時中風而癱瘓。例2，張先生因罹患肺氣腫而無法工作且到處求醫積欠不少醫藥費，經濟上因而陷入困頓。

圖 6-5　老人貧窮的問題與其健康息息相關

▋ 暴力及虐待

臺灣老人虐待被通報及處理的案件數目，跟其他國家相比是極少的。但臺灣老人真的特別幸福安全嗎？還是社會對於老人受到身體、心理、情緒、經濟剝奪等暴力、甚至虐待的情況視而不見？還是，臺灣傳統觀念讓老人即使受到暴力及

虐待，也選擇隱忍，好讓「家醜不外揚」，給自己和家人保留面子呢？這裡舉個例子，有一位老年人掛急診，臉部明顯腫脹淤青，身體也有多處新舊傷痕，陪同就醫的鄰居說該名老人常被兒子拳打腳踢，但老人卻說是自己跌倒受傷。另外還有某位老人整天被家人反鎖在家裡、甚至綁在椅子上，里長介入協助時，家人表示因老人失智常亂跑走失，不得已才出此下策。後續轉介相關單位，提供家人失智症照顧技巧的訓練之後，老人才重獲自由。

▋ 身心健康

年老容易體衰，疾病也常找上門來。如果沒有良好的醫療照護，小病可能拖成大病，甚至造成失能。另外，老年人罹患憂鬱症的比例也很高，受重度憂鬱影響而自殺的案件數更是各年齡組別之中最高的。然而，社會對老年人歧視常造成老人身心疾病被忽視，認為是老年人

的正常狀況，而無法即時獲得適當的治療。例如：王先生最近常有睡眠品質差、體重減輕、情緒低落的現象，但同住的家人安慰他，這是因為他退休後無事可做的緣故，不必緊張，所以也沒有就醫。但最後王先生選擇自殺，家人才懊悔未能及早預防。其他例子如陳阿嬤愛聽電臺廣播，經常買很多節目主持人推銷的藥品，多年吃下來的結果造成腎衰竭，必須洗腎。有人笑稱，臺灣老人最愛逛醫院，或去醫院開同學會。但醫院及診所缺乏老人整合醫療，無法妥善處理老人多重的身心症狀，恐怕也是造成老人就醫困擾與困難的主因之一。

公共政策的對應

衛生福利部國民健康署與國際接軌，於 2010 年起積極推動「高齡友善城市」計畫。「高齡友善城市」起源於世界衛生組織提倡「活躍老化 (Active Aging)」的概念，其定義為：「一個能促進活躍老化、具有包容性與可及性的都市環境」。

包容性就是要人人都能參與，可及性則是指公共政策必須要落實於國民的日常生活環境中，不能「看得到吃不到」。

「高齡友善城市」的內容有八大面向，包括：康健、不老、敬老、親老、無礙、暢行、安居、連通，作為跨領域整合性城市規劃與發展的藍圖。臺灣第一個試辦城市是嘉義市，試辦結果非常良好，爾後即在臺灣各縣市陸續推廣，各縣市政府逐年徵選計畫，每個計畫都必須跨領域，並要求具體執行成果。

圖 6-6　高齡友善城市的建設在高齡社會中極為重要

▎都柏林宣言

　　2011 年，世界衛生組織於愛爾蘭首都城市都柏林舉辦「第一屆高齡友善城市國際研討會」，全球共有 40 多個城市市長參加，我國亦派代表出席並發表報告。這個會議凝聚各與會國的高度共識，簽署《都柏林宣言》。我國 22 縣市於 2013 年已全數簽署《都柏林宣言》，並以此架構持續進行國際交流。簽署城市必須承諾，在能力與經濟許可之下，達成以下任務：

1	人口結構老化	人類壽命越來越長，以每十年增加兩歲的速率成長，**在未來40年，65歲以上的人口也將以倍數成長**，因此我們亟需對這個人口結構改變的趨勢即時做好應對準備
2	改變對長者的刻板印象	為了讓環境變得更適合長者變老，需先**改變大家對高齡及較年長者的刻板印象**，始能聚焦於高齡人口帶來的機會與挑戰
3	重視居住	建築環境影響所有人的生活，能決定人們獨立生活或需依賴他人過日子，與我們對**個人身分認同**密不可分
4	重視資源與分配	都市必須備有**必要資源及資源分配系統**。也會有許多年長的居民繼續住在鄉間、偏遠地區，這些社區也亟需發展，以促進高齡者的健康、福祉和社會參與
5	發展高齡友善社區	高齡友善城市／社區為幫助人們在老化過程加強生活品質，藉**倡導**高齡者的**健康、參與以及安全**的機會，以達成活躍老化。高齡友善城市的發展過程**因地而異**，並須瞭解老化牽涉到的**性別層面問題**，找出適合高齡男女在老化過程不同需求的解決之道

6	重視差異 加強合作	年齡的差異是社會多樣性組成的一部分，**設計一套所有人都可使用的 服務與架構，盡可能拋棄為長者而存在的特別元素**。為保護和促進高 齡者在社區、城市及國家層級的人權，也必須加強國際合作
7	對長者的 認知與尊重	服務提供者、公務人員、社區領導者、宗教領導者、商人和市民，能 夠認知到高齡長者間的差異性和健康對他們的重要性，並增進他們在 社區生活的歸屬感與貢獻度，尊重他們的決定和他們對生活模式的選 擇，以及預先設想並靈活回應高齡者相關的需求及喜好
8	減緩貧窮問題	高齡人口有顯著比例面臨較大的貧窮危機，規劃降低貧窮問題時，應 特別關注高齡長者，並擬定包括具體減緩高齡人口貧窮問題的政策
9	地方政府應 妥善規劃	規劃在環境面、經濟面和社會面永續的社區，並需考量人口高齡化及 長者能扮演關鍵資源的角色，符合有關高齡長者的特定需求

圖 6-7　都柏林宣言

▌我國的實例

除了上述服務，你還知道政府為保障老人人權提供哪些服務呢？嘉義市推動「享壽健康正確動」服務，結合大學、社區志工及企業提供資源，走入社區為長者進行體適能檢測及指導正確運動，成功建立社區長者體適能常模數據。

高雄市推出文康休閒巡迴服務車，可提供卡拉 OK、簡單飲料、書籍書報雜誌以及量血壓服務，甚至提供積木，供老人與孫子輩一起玩，其樂也融融。

臺北市持續汰換傳統公車為低地板公車。新型公車配置有升降側傾、輪椅座位，以方便老人、障礙者、孕婦及民眾搭乘，並有公車停靠站名語音及字幕播放，部分公車已有手機或電腦充電服務。

圖 6-8　（左）高雄市推出的文康休閒巡迴服務車
　　　　（右）嘉義市推動的享壽健康正確動活動現場

健康、安全、活力、尊嚴與自主

　　我國政府於 2013 年修正《人口政策白皮書》，針對臺灣高齡化與少子化提出對策。

　　林林總總的政策與措施，追根究柢都是希望能讓臺灣的老人生活「過得好」，而其基本精神，就是具體保障與促進老人人權。

　　人權是人類與生俱來的權利，但人權的覺醒與實踐，得來卻不容易。臺灣的老人人權，自 1980 年制訂《老人福利法》至今，已有長足的進展，但也有未竟的挑戰。尤其是臺灣人口高齡化速度之快，是世界數一數二的。值此之時，如何維持社會永續發展及世代共融，確保全國每一位國民，不分年齡、性別、區域，都能獲得全方位人權的具體保障與提升，是國家與每一位國民必須攜手奮鬥的願景。

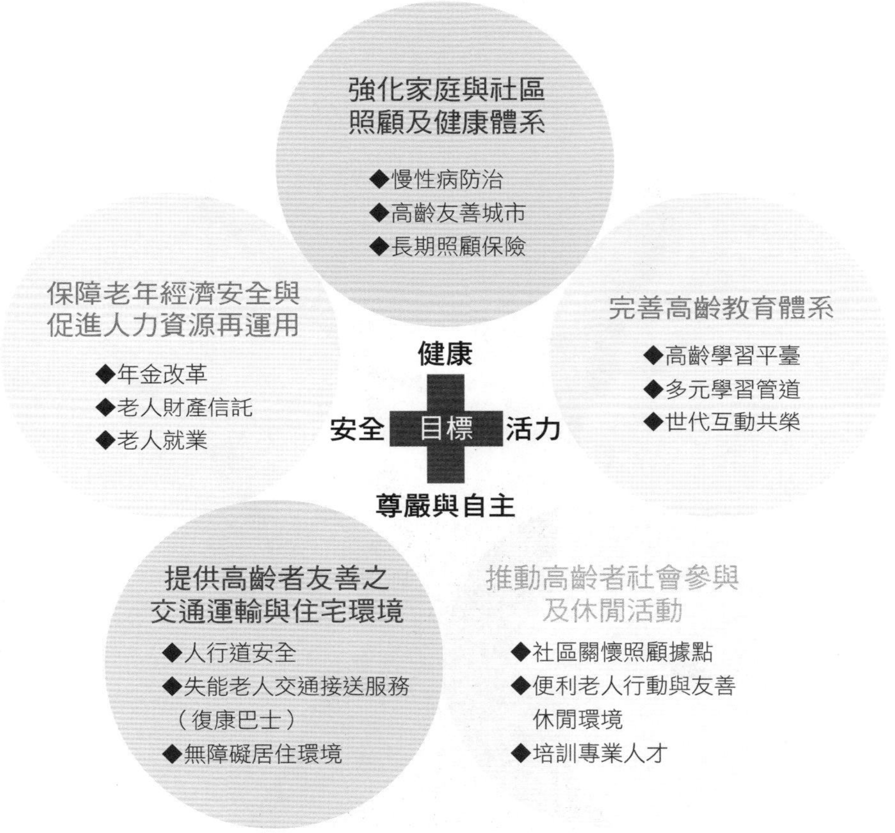

圖 6-9　2013 年人口政策白皮書的內涵

我 思 ╳ 我 想

1 ▶ 人權的標準是否對不同年齡的人是在同一個基準上？

2 ▶ 有哪些對老人狀態的錯誤認識或不了解，是目前臺灣因應高齡社會急需改變的？

3 ▶ 老人所重視、需要的東西到底是什麼？

圖 6-10　老人活得好，就是我們的未來活得好

7

兒童及少年人權

未來的主人翁？

文／陳毓文

兒童或少年有什麼權利？

▌我們在生活中可能會看到的兒少情況

12歲的小玫因為爸爸入獄、媽媽生病無法工作，貼心的她想要利用暑假幫忙賺點錢。一個老闆願意給她工作機會，讓她在街頭發預售屋的廣告傳單，工作四小時後給她500元，她感謝老闆願意給她工作機會，雖然每天都很累沒辦法跟同學一樣到處去玩，但她為自己能夠幫家裡的忙而感到自豪。

勵志國中因為希望同學們在會考時有好的表現，所以要求國三的社團時間拿來補強國英數課程，因為此時還參加社團活動，等於是在浪費讀書的時間，許多家長也支持校方的政策，希望國三學生能夠盡量將玩樂的時間用來複習功課，以求同學們都能夠考上理想的高中，等上了高中再好好參與社團活動也不遲。

你有認識或聽過像小玫如此成長經驗的故事嗎？勵志國中的做法是否也曾是你經歷過的學習生活？你看得出在上述案例中，哪部分是有損兒少權利的情況呢？而其損害的又是哪些基本權利內涵？

▌兒童或少年對家庭來說，是附屬品？

絕大多數人都會認同國家對於未滿18歲的兒童及少年應提供的各種保護措施，因為大家相信兒童是國家未來的主人翁，是需要在成人的愛與照顧下茁壯成長。但在「保護」兒少的同時，往往也隱含著成人將兒少視為「需要被保護或關注之客體」，甚至是「附屬品」。在保護、照顧的同時，也弱化了兒少的主體性，不相信他們有表達需求的能力，也不認為他們有能力做出正確的決定。俗話說：「囝仔人有耳無嘴」、「嘴邊無毛、辦事不牢」，這樣的觀念呈現的就是臺灣社會對於兒少群體的不信任。但

是你知道嗎？這其實並不符合國際社會對於兒少權利的規範標準。

圖 7-1　對你來說，兒童或少年沒有思考能力嗎？

國際上對兒少權利的保護

　　近代兒童權利發展史上最重要的里程碑，即為 1989 年聯合國頒布《兒童權利公約》(Convention on the Rights of the Child)，這是一個目前最多國家簽署、也是共識最高的公約。因為聯合國將 18 歲以下的人都定義為兒童，所以這份公約所涵蓋的主體，在我國就是指兒童（12 歲以下）與少年（12 歲以上未滿 18 歲）。此公約展現了一個普世性的重要價值，即「兒童少年是權利的主體，

而非國家或者父母的附屬品」。透過簽署這份《兒童權利公約》，締約國承諾會盡最大的力量來保護兒童及少年免於受到傷害、保障其權利，使每一位兒童及少年皆有機會發展其潛能，並為轉銜至將來的成年生活做好準備。

圖 7-2　敘利亞內戰造成許多流離失所的孤兒

我國對兒少權利的維護

臺灣因為不屬於聯合國的會員國，所以國內的兒少權利未受到此公約的約束與保障，但是在國內多個民間團體組成的「推動聯合國兒童權利公約國內法化民間團體行動聯盟」（簡稱 CRC 聯盟）推動下，立法院終於在 2014 年 5 月 20 日通過《兒童權利公約施行法》，明確賦予《兒童權利公約》國內法的效力，也為國內兒童及少年形塑在法律規範中的地位，使其符合國際的標準。另外，該施行法也要求各級政府機關在行使職權時，要符合公約內有關兒童及少年權利保障的相關規定，避免兒童及少年權利受到不法侵害，並積極促進兒童及少年權利的實現 ❶。

那麼，哪些是常被忽略的兒少權利議題呢？

常被忽略的兒少權利

表達意見與社會參與權

《兒童權利公約》中規定：「兒童應有自由表意的權利，該權利應包括以言辭、書寫或印刷、藝術形態或是透過兒童自己決定媒介，不受國境限制地尋取、接受、傳達任何訊息與意思，在影響到他人的權利、名譽及國家安全、公共秩序、公共衛生與道

德時應受限制。」明白地表達了成人應該要尊重兒少的意願，並且同時教導兒少尊重他人。

在臺灣，兒少表達意見的權利是否有被尊重呢？

根據家扶基金會在 2017 年所公布的「2017 臺灣兒少公民參與情況調查」結果顯示：

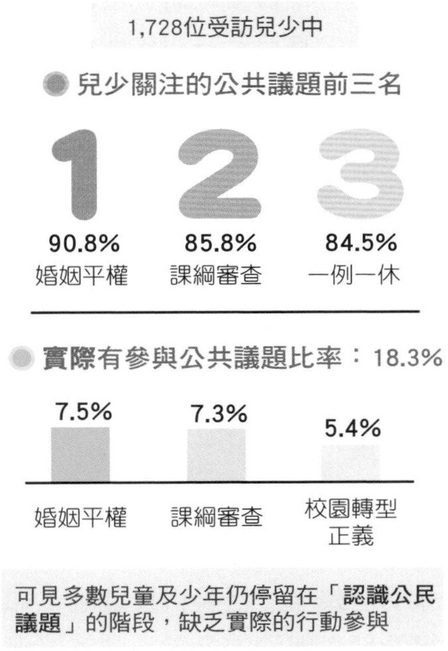

1,728位受訪兒少中

● 兒少關注的公共議題前三名

1 90.8% 婚姻平權
2 85.8% 課綱審查
3 84.5% 一例一休

● **實際有參與公共議題比率：18.3%**

7.5% 婚姻平權
7.3% 課綱審查
5.4% 校園轉型正義

可見多數兒童及少年仍停留在「**認識公民議題**」的階段，缺乏實際的行動參與

圖 7-3 2017 臺灣兒少公民參與情況調查

由此可見，臺灣社會兒少會「關心」，但卻較少「表達」，很可能是長期以來，兒少的「表意權」並沒有被尊重。此外，另一份「2015 臺灣兒童人權指標調查報告」也發現，在兒少生存權、受保護權、教育與發展權以及參與權等四大指標中，兒少參與權是平均得分最低的一項，也是被評比為「普通傾向差」的一項兒童人權指標。

註解 ❶ 為了能達到聯合國的標準，我國政府邀請國際審查專家，從 2017 年 11 月 20 日開始，連續 5 天，針對落實兒少權利的現況進行對話與建議，在行動上確實展現了實踐兒少權利的意圖。但政策制定後，挑戰才開始，因為從宣示性的文字到維權行動的落實，牽涉到社會大眾、特別是掌握資源的主流人士是否願意共同維護兒少權利？是否能夠在生活中成為兒少的維權者，而非消權的主事者？另外，對於兒童及少年們來說，又有多少人知道自己的權利有哪些？是否知道哪些應有的權利並未被尊重，甚至是被剝奪了呢？

兒少表達意見的權利需要受到尊重

著名的心理學暨社會科學家馬斯洛 (Abraham Maslow) 提出人類的需求層次 (need hierarchy) 理論，將人類的需求分成五個階層，分別是：第一階層生理需求、第二階層安全需求、第三階層愛與歸屬需求、第四階層自尊需求及第五階層自我實現需求，第一階層在最底下，第五階層最高，成一個三角形往上發展。成人往往比較注意孩子的安全及生理需求，以為兒少不要餓著、身體健康就好。然而依照需求層次理論看來，孩子說「不」的權利屬於第四階層之自尊的部分，不被尊重的孩子會變得低自尊，甚至有受傷害的感覺。唯有當孩子的想法能受到尊重，才能更有自信地成長，懂得拒絕不喜歡的、及爭取自己所想要的，也唯有兒少感受到自己被尊重時，他們才懂得尊重他人。

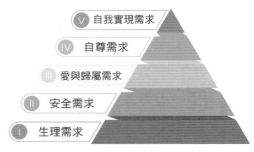

圖 7-4　馬斯洛提出的人類需求層次理論

兒少的社會參與權

西方有相當多的研究發現，在民主社會中，讓兒童及少年能夠積極參與社會，社區才有可能產生改變以及進步突破。這些研究者認為，兒童及少年需要透過參與和自身相關事務的決策過程，瞭解這些議題對他們的意義，並且能夠對於這些議題提出建議時，他們才有可能關心周遭的人事物，也能夠從中成長，順利轉銜成為社會公民。

相信你一定同意以下這句話：「年齡的增加無法代表心智的成熟與知識的增長。」隨著科技進步，知識取得的種類與管道多元且豐富，現今

兒少取得資訊的來源與相關知識的學習已和過去不同，若要讓他們願意關心發生在周遭的事，就必須給予他們參與的機會，感受到自己擁有可以成就與改變的力量，方可避免他們成為冷漠的人。

　　而社會參與對於弱勢的兒少來說更是重要，他們往往會因為生活困頓、長期欠缺資源等因素，而失去對公共議題關心的機會，讓其處於社會邊緣化的位置，所以若能夠讓弱勢兒少找回對於公共議題發聲的機會，那麼相關政策的制定也才能發揮應有的影響力。

圖7–5　兒童及少年的表達，長期受到忽視

兒少表達為何長期被忽視？

　　在兒少表達意見以及社會參與權利維護這條路上，最大的挑戰應該是多數成年人對兒少的「表達能力」缺乏信任感，擔心他們會因投入時間心力參與公眾事務而忽略課業學習的本分。然而這些消極的擔心並沒有辦法協助兒少「長出」能力，成年人的角色應該是作為兒少的盟友 (allies)，協助他們學習思考、表達想法、與他人溝通的技巧、規劃與安排以及領導能力等。

　　為了彌補這點，目前各地方政府皆成立「兒少福利促進委員會」或者「兒少福利與權益促進會」等組織，並在委員會中設置兒少代表。部分縣市也有設置一定名額，確保弱勢兒少參與委員會的機會，讓兒少能夠參與地方政府在推動兒童及少年政策的相關措施。

　　這些都是兒少表達意見與參與權的一大進步，也期待能鼓勵更多的兒

少參與這些組織，讓大家的聲音可以被聽見！

兒少表達意見的維護需細緻的手段

最後有一點提醒，尊重兒少表達的權利並不代表要逼迫他們說出自己心中的想法，因為在有些情況下，我們也會發現，當兒少表達意見的背後有被期待展現忠誠度的時候，表意權的維護是需要更細緻的協助與處理，例如下列的例子：

就讀國中的博生的媽媽因為爸爸有外遇，而決定離婚，並且打算爭取博生的監護權。在監護訴訟中，法院希望能夠聽取博生的意見，看看他希望跟誰住。博生知道爸媽離婚是因為爸爸對婚姻的「背叛」所致，而且他從小就是由媽媽照顧長大的，理應要選擇跟母親一起；但他其實也很喜歡爸爸，因為爸爸從來不罵他，還會買好東西給他，更何況只要跟爸爸住，就可以常常出國玩，媽媽沒有工作賺錢，跟著媽媽過日子一定會比較辛苦，想到這些，他不知道要怎麼表達自己的想法？因為他覺得自己怎麼說都不對！

在這類家庭案件中，兒少的表意權雖然都會被尊重，但要如何更細緻地讓兒少表達意見的同時，不會因其無法明確表達意見或者表達出不如預期的意見而被責難，這也是維護表達意見權利時應注意的地方。

▌「放下課業玩一下」也是一種權利：文化休閒權

「玩什麼玩？還不趕快去唸書！」「這麼大了還在玩這麼幼稚的遊戲，不覺得浪費時間嗎？」「一天到晚就只知道玩，不准玩了！」上述這些話語是不是你生活經驗中耳熟能詳的內容？

古人說：「業精於勤荒於嬉。」華人世界的父母總是深信孩子需要從小努力奮發、積極學習，才能夠「贏在起跑點上」，「玩」只是在

浪費時間。所以舉凡各式校外教學、參觀導覽、才藝學習等課外活動，他們通常都是問：「你學到了什麼？」而不是問：「你玩得愉快嗎？」

圖7-6　你的童年是否也被逼著坐在書桌前面唸書準備考試？

什麼是文化休閒權？

所謂的文化休閒權是指個人擁有自由參與文化、藝術生活的權利，擁有休閒及餘暇的權利，以及擁有從事適合其年齡之遊戲和娛樂活動的權利等。為了要落實這些權利，國家與政府應該要鼓勵並提供適當的文化、藝術、娛樂以及休閒活動之平等機會給兒童少年，以促進其

身心健康、體驗愉快與自由感，同時協助他們建立生活、社交技巧與文化自覺能力，促進兒少與社會環境的互動和溝通。

若根據此定義，遊戲娛樂對於兒少身心健康的發展是有其重要性的，更是不可剝奪的權利之一，但這卻是一個在華人社會長期不被成年人重視與支持，也被排除在國家發展支持系統之外的權利。

我國兒少的文化休閒

根據衛生福利部「兒童及少年生活狀況調查報告」的結果分析，「看電視及數位視聽器材」是目前國小階段的兒童最主要的休閒活動。而在各地方政府針對兒少生活狀況調查的研究也都發現，使用電子產品已成為國內兒少主要休閒活動。

此外，使用這些產品打電動、線上遊戲以及交友聊天比例最高者，是「國中階段」的少年。探究其原因何在，主要是青少年課業比例成

分很重，且目前適合青少年休閒的場地並不多，導致青少年除了沒有時間，同時也沒有適當的場地可以活動。

圖 7-7　網路咖啡廳裡不乏青少年使用

保障兒少的文化休閒權

　所以若要能夠保障兒童及少年的文化休閒權，國家及政府除了需要學校確實落實相關文化、藝術、體育類別的課程時間不被其他課程取代，更應積極地提供、推展兒童及少年得以使用的公共文化空間。對於身為家長的成年人而言，除了改變孩子在課後學習時間的緊湊度外，也要撥出時間來陪伴子女，讓

兒少可以增加自在「玩」的休閒育樂機會！

▌安全合法的勞動條件只是基本權利：勞動保障權

　思華本來過著單純愉快的高中生活，不料高一下學期時，爸爸因為投資失利而欠下龐大債務，思華也因為希望能夠幫助家計而開始半工半讀的生活。她每天下課後便到一間開到凌晨兩點的熱炒餐廳打工，老闆說因為她未滿 18 歲，不是合法勞工，所以不能幫她加保，而且以她的年紀，也無法給她符合最低薪

圖 7-8　兒少打工面臨許多陷阱

資的時薪，要不是看她可憐，才不冒違法的風險聘僱她。思華感謝老闆願意給她工作的機會，所以很賣力的工作，週末因為第二天不需要上課，都會工作到打烊後打掃完畢才回家，就是希望能夠多少幫忙解決家裡的經濟困頓。

　　從思華的故事中，你看到了哪些違反兒少勞動保障權益的作為呢？在你的生活經驗中，是否也曾聽過這樣的推託之詞呢？「你還沒有滿 18 歲，我沒有辦法合法聘你，所以我每小時只能給你這麼多，也沒辦法幫你保勞健保。」「我可是冒著違法的風險聘你，你要好好做喔！」或者「因為你未滿 18 歲，所以薪資本來就會比較少，不需要符合基本工資。」

臺灣的兒少打工實際情況

　　積極推動少年權益的臺灣少年權益與福利促進聯盟曾針對 15 歲至 18 歲有工作經驗之「打工族」進行「勞動權益問卷調查」，根據調查結果顯示，少年通常以短期工讀 (63.4%) 為大宗，且以餐飲服務業為主 (53%)。

　　在工作保險部分，僅有四成受訪者表示雇主有依照規定幫他投保勞保，有三成半表示不知道雇主是否有投保，更有近兩成的受訪者表示雇主並無幫其投

 平均薪資 **107** 元／小時 ＜ 當時基本工資 **115** 元／小時

 五成 **未能符合最低薪資**

臺灣中南部和東部離島地區的**低薪比例更高**

 四分之一 **時薪僅100元**

 四分之一 曾被**扣款或罰款**或者**連續工作超過七天**

圖 7-9　臺灣兒少打工現況

圖 7-10　世界上還有許多地方童工問題嚴重

保任何工作保險。

同時也發現，其中近 300 位 15 歲以上未滿 16 歲，這些《勞動基準法》中所稱的「童工」中，有高達四分之一曾每日工作超過 8 小時，超過五分之一曾工作超過晚上八點。這些都是《勞動基準法》所禁止的，但顯然仍有許多雇主沒有依照法律規定，少年被違法剝削的情況依然嚴重。

勞動基準法的規定

在 2017 年修法以前，我國《勞動基準法施行細則》第 14 條規定：「童工基本工資不得低於基本工資的七成。」這就是所謂的「童工歧視條款」，通常也是未依《勞動基準法》提供應有薪資與保障的雇主的依據。這個條款原本制定的背景是針對《工廠法》時代的國中畢業的 15 歲「童工」，卻被許多雇主擴大解釋、錯誤使用或濫用，而成為雇主低薪聘雇的理由。

更何況，以目前少年打工族高度集中、投入於餐飲、服務相關行業的狀況來看，他們的工作內容其實已與一般成人勞工無異，因此沒有任何理由不提供基本薪資的保障。此外，同工同酬也是基本工作人權之一，即使是童工，其薪資也不應低於基本工資。因此，於 2017 年修正刪除此條文，期望不會再有不肖雇主以此為由來壓榨、剝削少年。

維護兒少權利的策略

社會大眾對於兒少權利的維護在理念上與精神上很少聽到反對的聲浪，臺灣社會也漸漸理解兒少權利的維護，是需要國家、政府以及掌握資源的成年人一起努力達成的。但受到長期以來兒少權利被忽略，以及保護思維的影響下，要確實落實兒少權利維護的行動實非易事，首先我們需要對權利有正確的認識，同時能夠影響周遭的人來認識這個概念。

▌父母的過度保護

在少子女化的衝擊下，大多數家長對於孩子的關心與疼愛是無庸置疑的，同時也對於孩子的教養與學習提供更多資源，並產生較高的期待，因此出現了所謂的「直升機父母」(helicopter parents)。直升機父母，是克蘭 (Foster Cline) 和費伊 (Jim Fay) 在 1990 年所提出的名詞，

用以代稱那些希望能夠盡力協助孩子把人生的路鋪平，確保他們順利走在通往成功的道路上的父母。但也因為這些父母的過度保護，使得孩子變成了欠缺獨立思考能力、無主見、沒責任感的人，被社會譏為「媽寶」。

但仔細想想，「媽寶」的產生是誰的錯？當我們批評這些「媽寶」的時候，可曾想過在他們成長的過程中，是否因為父母過度的保護與關切，反而讓他們失去學習的機會？當他們想要表達自己的意見時，想要放下課業、輕鬆一下，或者想要打工賺錢的時候，身邊的成年人是如何反應與回應的呢？下列這些話語是否又在耳畔響起？「那些想法有什麼用？」「你懂什麼？」「先把書讀好再說！」「賺那點錢有什麼用？不如好好讀書，以後賺大錢。」

▌信任與適時的放手

這些成年人對於兒少的關心與擔心，對兒少而言是壞事嗎？事實上並不是，這正代表成年人心中有這群孩子，希望在他們成長的路上多做些什麼，好讓他們順利轉銜進入成年期；但從兒少權利的觀點出發，成年人的適時放手以及對兒少的信任是必要的。兒少權利的維護與保障，不只是要教導兒少，讓他們知道自己擁有的權利有哪些，更需依靠與他們互動密切的成年人（例如家長、老師等）來認識學習這些權利的內涵。因此，在落實兒少權利的過程中，成年人和國家社會是責無旁貸的。

▌讓自己瞭解自己的權利

此外，我們也可以透過國際社會在這方面的努力得到一些啟示，如致力於推動政府間國際合作的組織歐洲理事會 (Council of Europe)，

就曾於 2006 年呼籲教育單位需要將兒少權利的概念規劃在課綱之中，讓兒少知道屬於自己的權利有哪些；而在教導學生之前，學校老師也需要接受相關研習訓練，以瞭解兒少權利的內涵。

▌ 國家應制定家庭政策

同時，他們也呼籲各國需要依照聯合國《兒童權利公約》的原則，透過具體性的家庭政策，讓家長（特別是弱勢家庭）能夠有足夠的資源妥適照顧子女。而且，針對已開發國家，任何政策都不應只求滿足兒少食、衣、住、行等方面的基本需求，而是要體認到兒少和家長之間互為一體的關係，解決家長在照顧兒少上難題的同時，也等於在協助兒少成長。因此，國家需要將兒少權利放在更大的家庭政策視野之下，除了積極維護上述各項兒少權利，也確保兒少能夠健康快樂的成長。

兒童及少年是國家的明天

智利詩人米斯特拉爾 (Gabriela Mistral) 曾在某首詩中寫道：「世上有許多事可以等待，但孩子是不能等的，他的骨在長，他的血在生，他的意識在形成，我們對他的一切不能答以『明天』，他的名字是『今天』！」

兒童少年是我們國家未來的希望，如何提供一個維護其權利、促使其健全發展的環境，是世界各國致力的目標。而臺灣社會藉由《兒童權利公約施行法》的立法、依循國際規範定期檢視國家相關政策、透過與民間非營利組織的合作等方式，藉此落實符合保障兒少權利的作為。這對於我國雖然是一大進步，但也只是個開始，期待未來在落實兒少權利的路上，大家都能時時反思、共同督促國家規劃足以適切回應兒童及少年權利的政策，以及實務工作策略。

圖 7–11　兒童及少年是國家的明天

我 思 ✕ 我 想

1 ▶ 請問文章一開始小玟的故事中，違反了哪一項兒少權利？

2 ▶ 為了落實兒少表達意見的權利，就讀高一的力新常常在網路上針對時事發表自己的見解，也因為網路的匿名性，他能夠暢所欲言，運用不雅的字眼來批評得罪他的對象，他覺得這是表意權的落實，應該要被尊重，你覺得呢？

8

刑事司法人權

李組長眉頭一皺,發現事情不單純

文／謝煜偉

安全維護與權利保障的緊張關係

　　每天點開新聞媒體網站或頻道，都會看到層出不窮的犯罪事件報導，大至隨機殺人、虐殺幼童，小至酒醉駕車或行車紛爭。在這些報導中，我們可以看到被害者生命被無理剝奪、財產無端受損或自由受到妨害，被害者家屬向社會大眾控訴喪失至親的苦痛煎熬；我們也可以看到有人成為加害施暴的嫌疑犯，他的過往生平、交友狀況以及犯案動機與手法被媒體一一放大檢視；甚至在每一篇犯罪報導的網頁下方，看見一則則社會大眾赤裸裸的留言，表達對國家公權力不彰的不滿以及對「用極刑治亂世」的想望。

圖 8-1　我國的司法院

刑事制度的運作

犯罪事件發生後，身負國家執法任務的警察與檢察官登場，案件隨著蒐證、調查、追訴，最後進入法院審理直到定讞為止，都可能是社會矚目的焦點。不過，國家刑罰權力的展現，卻從判決定讞後才算正式展開，因為犯罪行為人的身分不再是被告，而是「受刑人」或「受處分人」，需要消極忍受國家強制性地剝奪其財產、自由乃至於生命，或者接受強制性的治療、監護等其他處分。這些有關刑罰、保安處分的執行，通常不是新聞媒體報導及社會關注的焦點，但國家仍舊編列了龐大的人力與經費，不間斷地維持著制度的運作，並且實際而深刻地影響著身處其中的每一個人。

上述自犯罪事件發生開始，歷經偵查、追訴、審判一直到執行、處遇階段，只要是涉及到處理犯罪事件（包含觸犯《刑法》或其他刑罰法規）有關的政府部門或組織，都可以算是刑事司法體系所涵蓋的對象。

刑罰權力濫用反而會侵害人民基本權利

在刑罰權力收歸國家獨有的現代社會中，我們一方面希望國家能透過刑罰權力的行使，以達到適度控制犯罪、提供安全保障及維持社會秩序的目標，但另一方面，從歷史來看，人類社會先出現刑罰／處罰(punishment)，到了非常後期才開始有《刑法》；世界各國歷經數百年來的歷史經驗與教訓，反覆告訴我們，握有權力者總是會有濫用權力的傾向，我們希望透過憲法及法律，有效約束國家不能夠濫用刑罰權力過度侵害個人的基本權利。

圖 8-2　我國的刑事司法史非常久遠

李組長眉頭一皺，發現事情不單純

現代的法治國家在「保障人民基本權利、避免不當侵害」與「維護社會秩序、提供安全保護」這兩項核心價值都不能偏廢的前提下，設計出刑事司法程序這套嚴謹而複雜的犯罪處理流程，希望能透過正當的法律程序，有節制地實現刑罰權，以達成犯罪控制的目的。

我國的刑事司法體系

　　依照目前通俗的看法，刑事司法體系可包括三個主要的領域，一是警察，二是法院，三是監所等矯正機關（構）。

　　而檢察機關的角色則橫跨了這三個領域：檢察官身為偵查主體，指揮司法警察辦案，又必須代表國家依照法定條件向法院起訴，並且在法院的審理活動中善盡公訴人的職責，最後，在判決定讞後成為刑事執行的指揮及監督者。

　　刑事司法的議題，可以說是在探討國家處理犯罪或具社會侵害性的行為

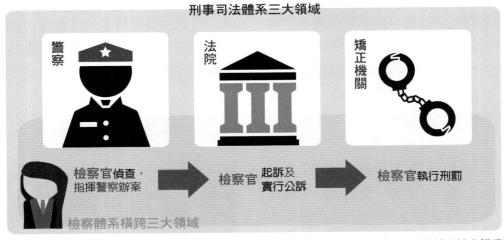

圖 8-3　刑事司法體系三大領域與檢察體系

時，各個環節所扮演的角色、功能及彼此間的關係。刑事司法程序各階段中「權利保障」與「安全維護」目的間的緊張關係，必須透過正當的程序要件與實體要件才能加以調和。

■ 「發現真實」是一種理想

那麼，正當的刑事程序是什麼呢？在刑事程序中，最重要的工作就是認定被告是否確實做了哪些犯罪行為。我們都希望能夠查明事實真相，找出犯罪事件的真兇，並且正確而迅速地實現刑罰權以維護社會安全，但我們也不能允許國家為了達到這個目標，而不擇手段地揮舞國家權力的大旗。因為，「犯罪事實」是一個從事後觀點來看的概念，審判者終究只能透過事後蒐集而得的證據，藉以回溯性地認定過去發生的事實。

因此，所謂「實體真實發現」毋寧說只是一項永遠無法百分之百達成的理想，相反地，國家很可能在刑事司法的各個環節中，為了迅速「破案」撫平社會情緒，而誤認事實導致冤罪的發生。此外，當我們允許國家可以不擇手段地揮舞刑事偵查、犯罪預防的大旗，恐怕同時也意味著全民將會犧牲更多自由、隱私與財產。只要試想無孔不入的監視與監控社會、擴張到極致的羈押、搜索、身體檢查處分等強制處分權力將如何影響了我們的生活與尊嚴，便知一二。

■ 每個人都有可能成為被告

進一步言之，我們既有可能成為下一個犯罪的被害者，也有可能被當成是潛在的被告或犯罪嫌疑人。社會大眾對於可能成為犯罪的潛在被害者這件事往往充滿了豐富的想像，但卻常忽略了自己某一天也有可能因為各種原因成為犯罪嫌疑人或被告。當然，刑事司法制度的目標終究在於解決犯罪問題、正確實行國家刑罰權，但在這個過程當中，兼顧人民基本權利的保障，是永遠需要不斷自我檢視與反省的課題。因此，我們應該要體

認到，刑事司法制度牽一髮而動全身，涉及多重價值及理念的追尋，制度改革尤應以實證為基礎，並應透過透明公開的政策形成機制，讓民眾有更多參與的空間。

現階段刑事司法制度圖像

▌刑事司法制度保護誰的權利？

坊間常常聽見兩句話：「法律都是在保障壞人的人權」、「保障被告的權利就是侵害被害者的權利」。這是對於刑事司法制度很常見的第一印象，不過不管是對人或對制度，第一印象的形成往往來自於偏見或刻板印象，不見得符合真實。

之所以會產生這樣的偏見，恐怕是因為一方面人民仍普遍認為當前的刑事司法制度仍處於由國家代被害者向加害者伸張權益，因此，處罰加害者就等於是填補被害者的損害；另一方面，我們已經先入為主地設定了坐在被告席上的是真兇、是壞人，因此

彷彿對他一切的權利保障，都是無謂、多餘的恩惠。

審判是一種「國家與被告」的對立

不過近代以來，刑事司法制度最大的特徵，就是因應刑罰權收歸國家專有，審判結構從「加害者與被害者」之對立，轉移到「國家與被告」的對立。國家專有刑罰權，其目的在於有意識地切斷「加害與被害」之間反覆循環的復仇連鎖，國家實行刑罰權，並不是代替被害者復仇，而是對犯罪者所造成的利益侵害做出適切的回應，藉以防止未來犯罪的再度發生。正因為切斷了加害與被害之間的私人復仇關係，刑罰的行使便不是對犯罪被害者的代償或填補。

圖 8-4　刑事司法審判是一種國家與被告的對立

在「國家實現刑罰權」以及「審檢辯三方關係」的基調之下，被害者這個角色是可有可無的，因為即使是無被害人的犯罪（如吸食毒品或賭博）或者侵害社會或國家利益的犯罪（如貪瀆），國家基於保護公眾利益的需要，仍然有對特定行為人施以刑罰之餘地。

我國的刑事訴訟程序

刑事訴訟就是國家對特定被告實施一連串確認刑罰權及其他刑事制裁效果之有無及其程度的程序。而為了避免權力集中於一端造成流弊，於是在制度設計上形成「審、檢、辯」的三方關係，將偵查與訴追犯罪的權限劃歸檢察官，而讓辯護人捍衛被告權利，法官中立聽審。

此際，負責偵查及訴追的檢察官並不是被害者的代言人，而是公益代言人；身為握有強大公權力的檢察官，必須恪遵法律規定決定案件是否起訴進入法院，又同時需要盡客觀性義務，對被告有利或不利應一律注意，並且在判決確定之後，必須合乎刑罰目的來執行。相對地，法院對於檢察官所提出的資料並不能照單全收，也不能在尚未充分聽取雙方意見前，就對於被告預先斷罪。同時，為了確保被告能夠有效行使訴訟權，為自己辯解，現行法律以及歷來的大法官解釋，對於被告在訴訟過程中的諸種權利保障多有著墨，諸如無罪推定原則、不自證己罪原則、聽審權、資訊獲取權、受律師協助權等等。

被害者缺席的審判制度？

然而，以上所謂「審、檢、辯」

三方對立的現代刑事訴訟法制，也被批評為是「被害者缺席」的審判制度。縱使要堅守刑罰權行使的公益性，不要流於被害者復仇或填補損害的手段，我們仍舊希望可以在刑事程序的各個階段，確保被害者不會受到二次傷害，並且確保被害者能夠充分陳述被害經驗，以完善法院對於犯罪事實與量刑事由的認定，並滿足被害者對於真相解明的願望。因此，一個非常重要的思維是，正當法律程序除了展現在對於被害權益的保障之外，也應該要顧及被害者的隱私、資訊獲知權以及程序的參與權。

被害人的保護措施與訴訟參與

2018 年 3 月司法院通過有關「被害人保護措施及被害人訴訟參與制度」的《刑事訴訟法》修正案。主要的理念在於落實「建構維護被害人尊嚴之刑事司法」，具體展現在：

訴訟過程中保護被害人**隱私及心理**

就侵害被害人生命、身體、自由及性自主等影響人性尊嚴至鉅案件，引進**被害人訴訟參與制度**，於現行刑事訴訟三面關係之架構下，允許被害人到場參與並得以閱覽卷宗，**讓被害人也有資訊獲知的權利**

賦予被害人即時**表達意見**及**詢問被告**的機會

程序選擇上，為使被害人的損害能獲得填補，並修復因犯罪而破裂之社會關係，減輕被害人的痛苦及不安，亦設計**移付調解**及**轉介修復式司法程序**等機制

圖 8-5 維護被害人尊嚴之刑事司法的具體展現

基本上，這樣的修法內容與其他先進國家（如美國、德國、日本）加強被害人保護、提升被害人訴訟上地位的政策方向大致趨同。

總之，被告的權利保障與被害者權利的保障，兩者並非呈反比關係；如果社會大眾能夠破除「保障被告就等於是侵害被害者」的迷思，

我們就能夠更冷靜謹慎地思考如何在當前刑事訴訟制度中確保被害者的權利，而非僅以粗糙不嚴謹的程序以及一味重罰的態度，來作為給予犯罪被害者的「安慰劑」。

▎以強制力蒐證的合理界限： 國家權力的節制，不容許不擇手段的犯罪偵查

前已述及，刑事司法的程序正當性內涵之一，在於降低冤罪的風險。接下來我們應思考在刑事程序過程中如何節制國家權力，避免採取不擇手段的偵查方法。我們可能會誤以為國家行使公權力偵查、訴追犯罪是天經地義，再自然也不過的事，不過，在我們所繼受的歐陸法律制度發展歷史來看，統治機關依其職權追究犯罪行為人的刑事責任並科處刑罰，是中世紀末以後才發展起來的事情。在此之前，即便私人間涉及生命或身體或財產上的糾紛，統治權力仍舊不會介入，而任由私人以損害賠償或者私下決鬥方式處理。如前所述，由國家定義犯罪與處罰的關係（立法）並專有偵查、訴追與執行刑罰的諸種權力，與近代國家形象的漸次形成具有密切關係。

搜查可能侵害人民基本權

國家為了蒐集證據調查犯人及事實真相，以判斷是否應提起公訴，必須尋找、發現犯人並且蒐集及保全相關證據。在確保被告以及確保證據的過程中，難免需要發動強制力，侵害人民身體自由（拘提、逮捕、羈押、限制出境出海等）、隱私（搜索、身體檢查、勘驗、監聽等）、財產（扣押等），我們也常在電影裡看到警察在民宅中翻箱倒櫃，只為了搜出一點蛛絲馬跡。這些行為都應受到《憲法》以及法律上的各種限制，以避免不當侵害人民基本權。現行相關法律所採取的立場是，根據所侵害或干預的權利

圖 8-6　警察、檢察官的蒐證可能侵害人民基本權

輕重程度，來區分把關的嚴謹程度，亦即所侵害或干預的權利越重大，那麼就需要更嚴謹的程序來搭配。

我國如何控管國家蒐證合理界限

嚴重 ←————————————————————————————→ 輕微

如對人身自由的拘束（羈押）**屬嚴重侵害基本權利**，依憲法第8條須事前向法院聲請，獲得法官簽發令狀才能進行	如搜索及監聽，雖會侵害隱私、財產等基本權，但**侵害屬中等**。原則上須事前向法院聲請令狀，例外允許事後補發	如無侵入性的身體檢查等，對人民基本權利的**侵害屬輕微**，可交由檢察事務官、司法警察（官）決定

圖 8-7　警察、檢察官在偵查蒐證時，對基本權利的干預程度

違背「直覺」的基本原理：無罪推定與罪疑唯輕原則

《刑事訴訟法》第 154 條明白規定：「被告未經審判證明有罪確定前，推定其為無罪。犯罪事實應依證據認定之，無證據不得認定犯罪事實。」同時，該法第 301 條亦規定：「不能證明被告犯罪或其行為不罰者，應諭知無罪之判決。」學理上一般稱為「無罪推定原則」。

▌無罪推定原則是國際社會共通準則

被告在被證明為有罪之前都應先認定其為無罪，不能未審先判，直接將受審的被告當成是有罪者來看待。這項原則已經成為國際社會的共通準則，諸如《世界人權宣言》第 11 條：「凡受刑事控告者，在未經依法公開審判證實有罪前，應視為無罪，審判時並須予以答辯上所需之一切保障。」以及《公民與政治權利國際公約》第 14 條第 2 款：「受刑事控告之人，未經依法確定有罪以前，應假定其無罪。」皆明確表達了此一立場。

▌檢警偵查過程中的無罪推定

檢警為了要調查犯罪事實，蒐集事證，必須根據某些蛛絲馬跡鎖定特定範圍的兇嫌，在鎖定兇嫌範圍的過程中對嫌疑犯勢必會預先採取懷疑有罪的態度，不過，我們藉由偵查不公開原則，讓有罪推定的思維僅限於偵查人員內部，以確保犯罪嫌疑人不至於因社會輿論未審先判而受隱私及名譽上的侵害。因此偵查階段中無罪推定原則主要就展現在對犯罪嫌疑人隱私及名譽等權利的確保。像是之前南港女模命案，由於第一線的報案人員並未堅守偵查不公開原則，新聞從業工作者亦未遵循新聞報導的專業倫理，讓無辜者蒙受名譽及隱私的侵害，甚為不當。

法官審判階段裡的無罪推定

　　無罪推定原則在審判階段亦有適用，被告雖經檢察官蒐證後提起公訴，在審判階段法官亦不能對檢察官的起訴內容照單全收，必須根據嚴謹的證據調查程序，並充分聽取雙方當事人的陳述，在沒有存在任何一絲懷疑的情況下確信犯罪事實為被告所為，才能下有罪判決。也就是說，必須透過超越合理懷疑的有罪確信，始能夠推翻「無罪推定」，認定被告有罪。若檢察官舉證後的結果，僅能夠令法官「半信半疑」或者「大致相信」的程度，也只能夠作對被告有利的判斷。這一種對於有罪證明程度的嚴謹要求，一般稱為「罪疑唯輕原則」。不過如前所述，「對被告有利」的說法常被誤以為是對被害者的不公平對待，其實，只要我們重新回到刑事程序的目的在於確認國家刑罰權行使的有無及其程度一事上，便可明白，國家權力遇到有疑處應盡量採取消極保守的態度（有疑惟保守）其實是相對務實的選項。對於發動刑罰權的前提基礎（犯罪事實）若有懷疑卻仍積極揮舞刑罰權力，就很有可能產生大量的冤案而導致極為嚴重的後果，不但找不到真凶，更讓清白無辜之人成為刑事司法制度的被害者、犧牲品。

無罪推定雖然違背法感情，但更嚴謹並有效降低冤罪

　　我們都希望能夠抓到真凶，但也都不希望自己被冤枉，若刑事司法制度能以更嚴謹的態度調查證據、認定事實，可以有效降低冤罪的風險。或許短期來看，的確可能有一些案件因為證據蒐證的不完整無法達到有罪確信的心證門檻，因此獲判無罪，但從中長期的角度來看，反而可以促進整體辦案技巧的提升以及科學蒐證的嚴謹度，因此，固然無罪推定原則或罪疑唯輕原則都

很可能違背了人民樸質的直覺或法感情，但這是能夠讓制度穩定發展並取得人民確實信賴司法的思想結晶。

刑事處遇中的權利保障：關於自由刑的行刑改革

刑罰的理性化使犯罪人合理承擔其罪行

在法院宣告被告有罪並且經判決確定之後，犯罪行為人就會從被告角色轉換為受刑人或受處分人的角色。現代國家揚棄過去「以牙還牙」、「以眼還眼」的思維，將犯罪所造成的侵害轉換為「刑事責任」，再將責任量化為一定程度之財產、自由乃至於生命的苦痛。並且，透過嚴謹的程序與實體要件，將賦予苦痛的程度與犯罪責任相對應，以求刑罰的理性化，也就是讓「所犯的罪」與「所承擔的刑罰」能夠相符，不多也不少。

刑罰也有嚇阻犯罪的功能

然而，在邁向理性化的過程中，許多人不禁懷疑，耗費可觀資源所形成的刑罰制度，難道只為了貼附同等的痛苦給對方，而沒有帶有任何積極性的功能嗎？於是，大家開始認為，能否透過合比例的刑罰施予，令被告及一般社會大眾，產生適度的心理拘束作用，以免（再度）陷入犯罪境地，或者，能否藉由刑罰或其他保安處分執行的過程中，給予受刑人積極的協助與矯治，藉以對症下藥，消除行為人投入犯罪的根本原因，以達成預防再犯的目標。

弊病叢生的自由刑

根據百餘年來的實證研究發現，世界各國最普遍採行的刑罰種類——自由刑（也就是限制人身自由的刑罰），不但沒有產生預期的預防再犯作用，反而弊病叢生。如

短期監禁反而更容易因監獄特殊的環境而沾染犯罪惡習，至於中長期的監禁切斷了受刑人與社會上人際關係的連結且加深烙印作用，出獄後難以重回人生常軌，而且單純拘束人身自由更難謂有任何教育或矯治效果。

相對地，監獄收容條件以及受刑人地位的低落，不但使得受刑人遭受剝奪自由之外其他額外的侵害，同時，令受刑人在一個毫無尊嚴的環境下過活，往往更難培養受刑人合宜的遵法意識，重回社會。尤其，臺灣社會長期以來對於監所矯正機構管理的漠視，監獄超收問題造成囚情管理上的不易，生活基本條件的低落，也引發世界各國的關注。

項目別	收容人數							核定容額	超額收容	
	總計	監獄受刑人、及保安處分人、受押候執行者	被告及被管收人	強制工作受處分人	受觀察勒戒人	受戒治人	及收容少年受感化教育學生			
	人	人	人	人	人	人	人	人	人	%
101年底	66,106	59,315	3,271	405	823	572	1,720	54,593	11,513	21.1
102年底	64,797	59,066	2,528	345	727	474	1,657	54,593	10,204	18.7
103年底	63,452	58,167	2,349	285	717	430	1,504	54,593	8,859	16.2
104年底	62,899	57,458	2,285	219	922	439	1,576	55,676	7,223	13.0
105年底	62,398	56,551	2,671	153	949	523	1,551	56,877	5,521	9.7
結構比(%)	100.0	90.6	4.3	0.2	1.5	0.8	2.5			

圖 8-8　矯正機關收容情形

監獄裡的人權

行政院研考會於 2012 年所做的《我國矯正政策與管理機制之研究》研究報告中便清楚指出，當前矯正機關管理與政策有六大問題：

1　人力與經費不足，分配不合理，南北流動失衡

2　管理人員不滿福利與監所安全硬體設備老舊不足

3　收容人作業金過低，職訓參與者極少，教化只是裝飾品

4　收容人不清楚假釋規定及被駁回的理由

5　**特殊收容人**（HIV帶原者、攜子入獄、外籍人士）的需求仍待改善

6　監所所知之**違規與戒護事故**少，但投訴率低，**欺凌事件黑數高**，再犯率逐年上升

圖 8-9　矯正機關管理與政策六大問題

而結論是，政府的監所政策只想讓監所成為隔離犯罪人之場所，而難以產生預防犯罪或減少再犯之效果，我國矯正政策若一向強調戒護與教化並重，以目前之資源配置與管理實務來看，口號多於實踐。

對照前面偵查與審判階段的規範密度，在刑事處遇階段的權利保障顯然不夠充足，事實上，受刑人在監所內的權利保障始終難以成為優先議題，甚至社會上瀰漫著根深蒂固的劣等原則 (principle of less eligibility) 思維——刻意讓監所內的生活水準更劣於圍牆之外的最低生活水準——使得我們相信唯有讓監所內的生活條件變得更差，增加受刑人監禁生活期間的痛苦，讓他們度日如年，才能夠讓受刑人記取教訓，不敢再犯。然而，從實際的處遇結果來看，毫無尊嚴的對待並沒有辦法產生正向的改善作用，況且監獄裡重刑犯人數增加，假釋條件趨嚴，管理人力又不斷減少，各種負面因素加乘下，若不思解決，2015 年發生的監獄挾持事件（俗稱

大寮事件）將只會是開端。

2017 年司法改革國是會議中，主管機關法務部也明確表示應進行獄政人力與設備的強化與擴充。不過很顯然地，管理人力的強化與設備擴充與受刑人生活水準的提升與權利保障，仍有一段不小的差距。臺灣的獄政改革仍有很長的路要走。

結　論

讓我們重新回想前面提到的「安全維護與權利保障的緊張關係」。事實上，透過許多歷史教訓及其他國家的經驗可以知道，在很多情況下，權利保障並不會讓國家保護公眾的目的更難以實現；相反地，透過正當法律程序有節制地確認犯罪事實、實現刑罰權，從中長期來看，反而能夠減少更多因刑事司法運作下所形成的不幸。我們應要嘗試將眼光放遠，來思考臺灣的刑事司法與人權議題。

我 思 ╳ 我 想

1 ► 這幾年司法改革的重心，除了放在司法體系內部之外，也嘗試從法普教育的角度，讓人民更瞭解司法制度的運作。民間有志之士更發起「法律白話文運動」，他們的訴求是：「如果法律只保護懂法律的人，那為何不讓大家都懂法律呢？」此外，亦有「一起讀判決」等網站，試圖透過平易近人、簡明易懂的解說，讓人民能瞭解判決說理的內容。更有甚者，有若干法官直接嘗試以更淺顯易懂的文字撰寫判決，俗稱為白話文判決。請試著閱讀下面這則白話文判決，你認為這樣的做法有何優劣之處？其他專業文書，例如病歷、公文書、財報等是否也應白話文化？

【裁判字號】 106, 交易 ,701
【裁判日期】 1061003
【裁判案由】 公共危險
【裁判全文】

臺灣臺南地方法院刑事判決　　　　　　　　　106 年度交易字第 701 號
聲　請　人　臺灣臺南地方法院檢察署檢察官
被　　　告　陳○民
上列被告因公共危險案件，經檢察官聲請以簡易判決處刑（檢察官聲請案號：106 年度撤緩偵字第 102 號，本院原案號：106 年度交簡字第 3458 號），本院認為不得以簡易判決處刑，經適用通常訴訟程序，判決如下：
　　　主　文
陳○民無罪。
　　　理　由
壹、【理由要旨】
一、如果國人知道他在甲派出所酒測值剛好超過每公升 0.25 毫克的法定標準（以下單位都以 mg/L 表示），換成乙派出所的酒測器可能低於上述法定標準。相信所有剛好超過標準的人都不會服氣，並且表示這種情形不應該讓他接受刑事處罰。
二、如果測量儀器存在誤差值是一個無法克服的事實，避免誤差值造成不公平的方法，就是以無罪推定原則扣除誤差值之後，決定是否超過 0.25mg/L 的法定標準。
三、基於以上的原則，本院認為被告應該判決無罪。
貳、【檢察官聲請簡易判決處刑所根據的事實】被告陳○民先生於民國 105 年 9 月 25 日下午 6 點 30 分到 10 點左右，和朋友在臺南市安定區的某一家熊寶寶超商喝了啤酒之後，在晚上 10 點 10 分左右，明明知道喝了酒達到吐氣所含酒精濃度 0.25mg/L 以上不可以駕駛車輛的規定，仍然騎著 YLZ-557 號重型機車行駛在道路上，後來在當晚 10 點 30 分左右，經過臺南市新市區豐華里區南 134 線西向東 3.2 公里處，被警察攔查，當場用呼氣酒精測試器測到他的吐氣所含酒精濃度是 0.26mg/L，而發現他酒後騎車的事實。因此認為被告涉嫌觸犯了刑法第 185 條之 3 第 1 項第 1 款的（酒後駕車）公共危險罪。
參、【檢察官聲請的依據及被告的陳述】
一、檢察官認為被告犯罪的根據：
 1. 被告在接受司法警察及檢察官詢（訊）問時，都承認在接受酒測之前曾經飲酒後騎車的事實。
 2. 被告遭攔檢的時候酒精測定紀錄表顯示酒測值為 0.26mg/L。
二、被告的陳述：承認酒後騎乘機車，而且酒測值達 0.26mg /L 的事實。

圖 8-10　701 號刑事判決圖

2 ▶ 死刑存廢是我國爭論已久的問題，世界上大多數的國家已經廢除死刑或停止執行死刑，但仍有部分國家保有死刑的犯罪種類，並且也持續做出死刑判決、執行死刑。在臺灣，死刑廢止派及存置派兩者間雖然有明顯的立場差異，但都認為，應以更嚴謹的程序，更嚴格的量刑基準，來檢視犯罪行為人的罪行是否值得判處死刑。近年來，法院實務上甚至出現以「有無教化可能」，來作為判斷是否應量處死刑的依據之一。現行刑事法規並沒有唯一死刑的犯罪類型，例如《刑法》第 271 條的殺人罪，規定法院的量刑範圍應介於「死刑、無期徒刑或十年以上有期徒刑」，而依照刑法第 57 條的規定：「科刑時應以行為人之責任為基礎，並審酌一切情狀，尤應注意下列事項，為科刑輕重之標準：一、犯罪之動機、目的。二、犯罪時所受之刺激。三、犯罪之手段。四、犯罪行為人之生活狀況。五、犯罪行為人之品行。六、犯罪行為人之智識程度。七、犯罪行為人與被害人之關係。八、犯罪行為人違反義務之程度。九、犯罪所生之危險或損害。十、犯罪後之態度。」小燈泡事件、南港女模命案，這些犯罪行為人目前都沒有被判死刑，但社會普遍認為這些人該被判死。以臺灣的司法體系來說，究竟什麼樣的罪行才會被判死刑？請試著以近期發生的一些社會矚目案件為素材，思考有關死刑量刑的標準以及條件。

3 ▶ 根據法務部所公布的相關犯罪統計，監獄新入監受刑人絕大多數是煙毒犯（吸食毒品）、酒駕犯以及竊盜犯等較輕程度的犯罪者。以吸食毒品的犯罪行為人為例，往往在監期間不超過一年，卻反覆因為吸食毒品被抓而進出法院與監獄。相關研究也清楚指出，以刑罰拘束人身自由，卻沒有提供適當的戒癮治療以及重建人際關係等積極協助，不但不能防止再犯，只會讓累再犯的問題更形嚴重。目前我國採取折衷做法，一方面依舊規定吸食毒品為犯罪行為，另一方面，則從程序上給予不起訴、緩起訴等轉介措施，讓初犯者能夠有機會不進入監獄，

而讓醫療等福利資源能夠導入；亦即將吸毒者當作「病犯」。惟成效依舊不彰。近來則有人倡議，應進一步參考葡萄牙等國家的做法，將吸毒行為「去刑罰化」甚至「除罪化」，改從藥物成癮患者的治療角度，謀求問題的解決。你認為吸毒行為為何被規定為犯罪？吸毒傷害了誰的利益？吸毒行為應否除罪化？除罪化能否有助於成癮問題的改善？

參考資料

- Yulin（2017 年）。亞洲勞動狀況：新加坡工時月薪雙冠王，台灣居中段班。2017 年 12 月 22 日。關鍵評論 The News Lens。

- UBS-Prices and Earnings 2015: https://www.ubs.com/microsites/prices−earnings/en/

- 臺灣勞動部網站：https://www.mol.gov.tw/。

- 黃哲民（2018 年）。我 16 歲被毒害的日子　一個女工的沉痛告白。2018 年 8 月 16 日。蘋果日報。

- 曾婷瑄（2018 年）。「我不同意你，但我尊重你罷工的權利」：愛抱怨的法國人，為什麼甘願忍受罷工的不便？2018 年 4 月 24 日。獨立評論。

- Disabled People's International (DPI). (2013) "Nothing about us without us." Accessed December 20, 2013. http://www.dpi.org/

- World Health Organization (WHO). (2001) ICF-International Classification of Functioning' Disability and Health. Geneva: WHO. Accessed June 20. (2015) https://psychiatr.ru/download/1313?view=name=CF_18.pdf

- World Health Organization (WHO). (2002) Towards a common language for functioning, disability and health: ICF. Geneva: WHO.

- 台灣障礙台。Youtube: https://www.youtube.com/watch?v=BZDbSOrZ9DE。

- 陳玉梅（2015 年）。封閉在家 25 年 終於能走出來。2015 年 4 月 22 日。蘋果日報。取自：https://tw.appledaily.com/forum/daily/20150422/36505843/。

- 周月清（2008 年）。2006 身心障礙者權利公約。社區發展，123 期，頁 79−105。

- Oliver, M. (1996) Understanding disability: From theory to practice, p.34.

- 行政院性別平等會（2018 年）。消除對婦女一切形式歧視公約 (CEDAW) 中華民國第 3 次國家報告。2018 年 11 月 16 日。

- 行政院主計總處（2015 年）。人力資源調查統計。

- 行政院主計總處（2016 年）。婦女婚育與就業調查。

- 國家實驗研究院政策中心（2015 年）。政策研究指標資料庫。

- 行政院主計總處（2016 年）。受雇員工薪資調查。

- 趙守博（1992 年）。勞工政策與勞工問題。台北：中國生產力中心，頁 145。

- Lan, Pei-Chia (2011). "White Privileges, Language Capital, and Cultural Ghettoization: Western Skilled Migrants in Taiwan." Journal of Ethnic and Migration Studies, 37(10): 1669−1693.

- 內政部統計處（2018 年）。人口三段年齡組比率。

- 彰化縣政府。都柏林宣言。取自：http://agefriendly.chshb.gov.tw/plan/。

- Gurstein, Lovato, & Ross (2003); Head, 2011; Richards-Schuster & Pritzker, 2015; Smith, 2007

- 中華人權協會 （2015 年）。2015 台灣兒童人權指標調查報告。台北：中華人權協會。
- 家扶基金會（2013 年）。2013 兒童人權日——社會參與權與表意權大調查。取自：https://www.ccf.org.tw/?action=news1&class_id=4&did=102。
- 臺灣少年福利與權益促進聯盟（2015 年）。少年打工族： 五成未達基本工資、僅四成有勞保、1/4 曾被扣款。http://www.youthrights.org.tw/news/222。
- 衛生福利部（2015 年）。103 年臺閩地區兒童及少年生活狀況調查報告。台北：衛生福利部。
- Council of Europe. Recommendation Rec(2006)19 of the Committee of Ministers to Member States on Policy to Support Positive Parenting with Appendix and Explanatory Report. Council of Europe Publishing: Strasbourg, France.
- Gurstein, P., Lovato, C., & Ross, S. (2003). Youth participation in planning: Strategies for social action. Canadian Journal of Urban Research, 12(2), 249–274.
- Head, B. W. (2011). Why not ask them? Mapping and promoting youth participation. Children and Youth Services Review, 33, 541–547.
- Richards-Schuster, K., & Pritzker, S. (2015). Strengthening youth participation in civic engagement: Applying the Convention on the Rights of the Child to social work practice. Children and Youth Services Review, 57, 90–97.
- Smith, A. B. (2007). Children and young people's participation rights in education. The International Journal of Children's Rights, 15(1), 147–164.
- Zeldin, S., Larson, R., & Gamino, L. (2005). Youth-adult relationships in community programs: Diverse perspectives on good practices. Journal of Community Psychology, 33(1), 1–135.
- 法務部司法官學院編（2017 年）。105 年犯罪狀況及其分析。頁 138。

圖片來源

- 圖 8–3　三民書局
- 圖 8–4　ShutterStock
- 圖 8–5　三民書局
- 圖 8–6　ShutterStock
- 圖 8–7　三民書局
- 圖 8–8　三民書局
- 圖 8–9　三民書局
- 圖 8–10　三民書局

世界正在行進，
身為世界公民的你，
腳步跟上了嗎？

五大議題 × 專家學者

　　世界進行式叢書，從 108 課綱「議題融入」出發，打造結合「議題導向 × 核心素養」的跨科教學普及讀物。

　　取材生活中的五大議題「人權」、「多元文化」、「國際關係」、「海洋」、「環境」，邀請多位專家學者，針對每一種議題編寫 8 個高中生「不可不知」的主題。

8 個你不可不知的
國際關係

王世宗　主編

國際關係屬於政治課題，而政治是人際關係的一種表現，由此可見，國際關係是人際關係的擴大。那麼「國家」要如何和另一個「國家」進行交流呢？他們怎麼交朋友？彼此看不順眼時，要怎麼打架？打架過程中又要注意些什麼？本書透過 8 個議題，帶你細數近代國際局勢的分與合，呈現出強權之間的縱橫捭闔，小國如何在夾縫中求生存，一同瞭解今日國際關係是如何形成。

8 個你不可不知的
多元文化議題
劉阿榮 主編

文化，就是生活；生活百百種，文化當然也充滿各種可能。本書邀請你參加一場多元文化博覽會，以臺灣原住民族、漢人移民、新移民的故事揭開序幕，再將焦點放在中港澳、歐美、東亞、紐澳地區。你將會發現，各種不同的文化讓世界增添繽紛的色彩，而這些文化的保存與尊重，是所有人類的使命。現在就請帶著開放的心，參與這場文化盛會吧！

8 個你不可不知的
海洋議題
吳靖國 主編

所有人類，都是海的子民。海洋是生命的起點，是這個世界占地最廣大的範圍，而陸地上的我們對它的實際認識，還不到十分之一。人類對自身起源的探祕之旅才正啟航。現在，請從書桌起身，走出陸地，參與這趟旅程，透過海洋休閒、海洋社會、海洋文化、海洋科學與技術、海洋資源與永續等各種面向，伸手觸碰這片遼闊豐饒的大海。透過海洋，與世界相連吧！

8 個你不可不知的
環境議題
魏國彥 主編

人類會改變環境，也會被環境改變，地球就像是一個巨大的生命體，每天都跟我們的生活相互牽繫。地震來臨時有哪些非做不可的事？臺灣缺電，發展再生能源就是解決問題的萬靈丹嗎？每年都想換一支新的智慧型手機，會為世界另一端造成多大的危機？翻開本書，你會發現環境議題比你想像中更值得關切，不可不知！

法律不求人——生活法律 79 招

本書以真實的生活時事案例及常見之生活法律議題為素材，探討這些生活時事案例背後的法律問題。每則案例下，問題與解析之內容，除詳細引用相關法律條文外，並大量援用司法院、各級法院及相關單位之實務見解，以讓讀者能清楚了解目前法院對於相關法律的解讀為何，使讀者能藉由探討這些生活時事案例涉及之法律議題，增長法律知識。

三民網路書店 會員

獨享好康 大放送

通關密碼：A9980

憑通關密碼
登入就送 100 元 e-coupon。
（使用方式請參閱三民網路書店之公告）

生日快樂
生日當月送購書禮金 200 元。
（使用方式請參閱三民網路書店之公告）

好康多多
購書享 3% ～ 6% 紅利積點。
消費滿 350 元超商取書免運費。
電子報通知優惠及新書訊息。

書種最齊全　服務最迅速

超過百萬種繁、簡體書、原文書 5 折起　三民網路書店 www.sanmin.com.tw